U0604264

盘龙城遗址博物院
Panlongcheng Site Museum

长江万里青

长江流域青铜器精品展图录

盘龙城遗址博物院 编

图书在版编目(CIP)数据

长江万里青:长江流域青铜器精品展图录/盘龙城遗址博物院编. --上海:上海古籍出版社,2022.9
ISBN 978-7-5732-0411-0

Ⅰ. ①长… Ⅱ. ①盘… Ⅲ. ①长江流域-青铜器(考古)-中国-图录 Ⅳ. ①K876.412

中国版本图书馆 CIP 数据核字(2022)第 148753 号

长江万里青

——长江流域青铜器精品展图录

盘龙城遗址博物院 编

上海古籍出版社出版发行
(上海市闵行区号景路 159 弄 1-5 号 A 座 5F 邮政编码 201101)
(1) 网址: www.guji.com.cn
(2) E-mail: guji1@guji.com.cn
(3) 易文网网址: www.ewen.co
上海雅昌艺术印刷有限公司印刷
开本 889×1194 1/16 印张 12.5 插页 6 字数 200,000
2022 年 9 月第 1 版 2022 年 9 月第 1 次印刷
ISBN 978-7-5732-0411-0

K·3243 定价:218.00 元
如有质量问题,请与承印公司联系

长江万里青——长江流域青铜器精品展

展览筹备及图录编辑委员会

主　　编： 万　琳
学术顾问： 刘森淼
编　　委： 郑远华　蒋卫锋
内容撰写： 廖　航　程酩茜　李　琪　沈美辰
资料提供： 程　辉　邓骁挺　段董念　李　潇　刘　珂　庞　佳
孙建辉　吴汶益　王　丹　谢　飞
摄　　影： 郭　剑　李　宇　刘　毓　申　林　余长慎　朱　宇

展览策划： 万　琳
执行策展： 廖　航　程酩茜　李　琪　沈美辰
展品协调： 韩用祥　付海龙　郭　剑　吕宁晨　刘　畅　王师慧
宣传教育： 宋若虹　白　雪　贺潇华　汪　筠
展览讲解： 郝雨涵　胡嫄嫄　黄　景　邱宸荟　殷晓梦
展览辅助： 王　颖　王　智　李　巍　赵　东　李一帆　杨蕊荥
黄昌艳　王岸英　庄松燕　罗素璇　余　甜

参展单位

三星堆博物馆

成都金沙遗址博物馆

重庆中国三峡博物馆

湖北省博物馆

随州市博物馆

荆州博物馆

湖南博物院

湖南省文物考古研究所

长沙市博物馆

江西省博物馆

安徽省文物考古研究所

鸣　谢

武汉大学长江文明考古研究院

序

长江流域的青铜器，是在黄河流域形成的中原王朝文化势力南下影响下发展的。长江流域青铜文明进程，也是在中原王朝主导下与黄河流域并流为中华文明的大潮。中华文明的早期进程在地域上表现为中原文化核心区向周边地区的扩展，在物质形态上表现为中原主体特质的青铜器和青铜器所呈现的礼制文化。在长江流域，文明进程有如浪潮般逐步推进，并在秦统一之前形成了区域文化的一致性。

二里头文化为主体的夏文化时期，中原国家开始在地理上扩张，并迅速在长江流域发挥影响力。这为长江流域带来了青铜器和青铜文明，甚至在江汉地区和江淮地区取代当地新石器时代以来传统文化势力。安徽肥西三官庙遗址发现 18 件二里头文化铜器，包括多种兵器和工具，显现出中原文明的强势介入。二里头文化的影响力还远及长江上游的三星堆文化，后者发现有青铜、玉石、陶等多类材质的中原文化因素，也标志着本地文化已经发生剧变。

商王朝早期继续夏王朝南下的足迹，其代表性业绩是在汉江与长江交汇地区——也是当代的武汉城区的盘龙城形成中心城市，并在公元前 16—前 13 世纪前后三百年左右的时间控制了长江中游及附近地区。盘龙城是夏商中原王朝设立在长江流域的最重要城市，它标志着长江流域进入中原国家政治体系，同时也开启了中原王朝在广域地域下“中央—地方”的二维组织结构模式。

盘龙城在二十世纪七八十年代经过大规模考古工作，确认城市、宫殿建筑的年代和性质，发现高级贵族墓葬。盘龙城这些考古工作具有重要的学术和社会意义，它使学术界和社会首次认识到商王朝的统治范围达到了长江沿线。盘龙城所发现的大批精美青铜器，也使我们过去

“黄河流域是中华文明的摇篮”的社会宣传、提法改为“长江流域和黄河流域是中华文明的摇篮”。多年来盘龙城考古工作，也可以让我们感受到习近平主席所指出的“考古工作是一项重要文化事业，也是一项具有重大社会政治意义的工作”。

早商之后中原王朝政治中心北移，中原王朝逐步放弃了对长江流域的直接管控。大约在商代中期，长江流域开始出现一些规模不大的城市，这些城市常设有青铜器生产作坊，这意味着长江流域开始系统性生产青铜器。在阜南台家寺、黄陂郭元咀发现的铸铜作坊，出土生产青铜容器的陶范。台家寺和郭元咀还都出土具有地方特征的青铜器，说明青铜器生产技术开始在长江流域扩散。

晚商的殷墟文化时期，长江流域兴起了多支地方青铜文化。其中在赣江流域的新干大洋洲、湘江流域的宁乡炭河里都是青铜器生产水平很高的青铜文明中心。这里出土的青铜器地方特点明确，不过这些青铜器虽然组合、类别上有所不同，但无论是造型还是装饰，又仍然是与中原文化系统主体上一致，体现了地方文化对中原文化的认同。

晚商时期长江流域最具有文化特色的是三星堆文化，其青铜器的人物造型、夸张风格呈现出与中原地区不同的文化特质。不过，青铜、玉礼器方面的共性，显示了三星堆文化与长江中游地区文化存在资源交流等多方面的联系。特别是三星堆青铜铸造技术、文化价值观念等，都与中原文化存在内在关联。总体而言，商代晚期长江流域的这些地方青铜文明在政治上高度独立，在文化上与中原王朝关系密切甚至高度一致，体现出中原文化对周边文化的辐射力。

西周建立后，周王朝迅速南下长江流域。王朝势力首先控制了江汉地区，并在布局上体现出战略高度。周人一路顺汉江而下，在江陵万城设置了“邶”国。另一路势力顺随枣走廊东下，在随州一带设“噩”“曾”等诸侯国，其继续向东南而下，还在黄陂鲁台山、蕲春毛家嘴设置据点，形成了对长江中游的统治格局，周人也因此在疆域控制范围上较此前的夏商王朝有了很大的扩展。以上西周诸侯国除了带有“藩屏”周王室的义务之外，还有获取各类资源的职责。以上诸侯国墓葬都出土大量青铜器，其特征与政治中心地区青铜器几乎完全相同，体现了周文化的高度一致性。随州叶家山曾国国君墓葬中将铜资源与青铜礼器一并随葬，暗示曾国承担有为王室获取铜资源的职责。

西周中期周王朝有过挫折，但周文化对长江流域青铜文化仍然形成了深远的影响，长江中下游地区也从此稳定地纳入了中原文化发展体系。东周时期，周文化的延续发展，不仅在曾国、蔡国这些周文化传统国家如此，稍晚兴起的巴蜀、群舒、吴越政治与文化群体，都可视为这一延续。更早在西周中晚期，楚人从江汉地区崛起，到战国时期几乎控制了整个长江流域。也可以说，楚国是作为周文化代理人在长江流域发展。以上长江流域各政治文化集团，青铜器等物质文化及其所代表的礼制文化，都还是出自周文化体系，一些礼制和习俗的遵循甚至超过了中原文化区域。同时，这些集团不仅在流域系统内有着频繁的文化交流，与黄河流域诸侯国也有密切往来。这些交流与往来，从青铜资源的流通，到生产技术甚至装饰风格的传播，都有诸多的例证。东周时期这样的文化交流，也还为秦在政治上统一长江流域奠定了文化基础。

长江流域青铜文明以上发展大势，是理解长江流域出土青铜器的技术、艺术以及文化特质的基础。

张昌平

凡 例

1. 本书是盘龙城遗址博物院临时展览“长江万里青——长江流域青铜器精品展”的图录。

2. 书中辑录的上展文物基本信息均由各文物收藏单位提供。

3. 全书基本遵循展览原有框架结构，分四个单元；正文前专家作序。

4. 关于器物的排序、定名、时代、尺寸、文字说明：

（1）排序：根据展览原有逻辑体系，第一、二单元重点突出物质层面特征，主要从功能上，按器类排序：农具、兵器、食器、酒器；在同类器基础上，再按时代排列。部分器类下存在个别器物时代更早而排列在后的情况，该类器物多是形制特殊，或功能存在一定争议的，例如连弧刃戈、带銎觚形器等，与同类其他器物差别明显，单列在后。第三单元主要凸显精神层面特质，不严格遵循器类和时代排序，而按区域和特征元素划分集群处理。第四单元选取本次展览中最具代表性的八件文物，集中展示长江流域青铜文明的特色。

（2）定名：以参展单位提供的名称为主要依据。遵循的命名原则为：有铭文的器物，以铭文命名；无铭文者以纹饰和形制命名，或以质地和器类命名。

（3）时代：包括二里头时期、商代、商代早期、商代晚期、西周、西周早期、春秋、战国、战国中期等。

（4）尺寸：单位均为厘米。

（5）文字说明：以客观描述为主，尽量详细说明器物特征。

目　录

第二单元

设宴飨客

Ritualized Banquet

第三单元

异彩华章

Extraordinary Splendour

第四单元

物华天宝

The Spectacular Eight

万里长江璀璨青铜文明的见证者

——“长江万里青”策展实践的回顾

2020年11月14日，习近平总书记在全面推动长江经济带发展座谈会上指出：“长江造就了从巴山蜀水到江南水乡的千年文脉，是中华民族的代表性符号和中华文明的标志性象征，是涵养社会主义核心价值观的重要源泉。要把长江文化保护好、传承好、弘扬好，延续历史文脉，坚定文化自信。”盘龙城遗址作为“长江流域早期青铜文明中心”“商代南土中心城邑”和“武汉城市之根”，是博大精深的长江文化之重要见证与载体，蕴含深厚的历史文化价值；依托遗址建成的盘龙城遗址博物院在传承和弘扬长江文化上具有特殊的使命，肩负着“让收藏在博物馆里的文物、陈列在广阔大地上的遗产活起来，丰富全社会历史文化涵养”的重要责任。为积极响应习主席传承、弘扬长江文化的号召，让观众接触、认知长江文化，进而激发对于长江文化的认同感和归属感，盘龙城遗址博物院策划了“长江万里青——长江流域青铜器精品展”，旨在为长江流域商周时期青铜文化提供一个集中的展示平台，将精美的青铜器文物展示给大众，以品悟长江流域商周文化的魅力。

“长江万里青”临展由武汉市文化和旅游局指导，盘龙城遗址博物院、湖北省博物馆、武汉大学长江文明考古研究院主办，联合成都金沙遗址博物馆、三星堆博物馆、重庆中国三峡博物馆、随州市博物馆、荆州博物馆、湖南博物院、湖南省文物考古研究所、长沙市博物馆、江西省博物馆、安徽省文物考古研究所等全国10家文博单位共同举办，汇聚了长江流域商周时期上、中、下游重要遗址的典型青铜器118件（套），如四川三星堆遗址铜人像、湖北随州曾侯方缶、江西新干大洋洲兽面纹虎耳方鼎、湖南蚕桑纹铜尊等精品文物。

本次临展是盘龙城遗址博物院开放以来首个原创临展，从主题构思、大纲撰写、形式设计到宣传推广，都体现了盘龙城人对于临展的新思考与新探索，庄严古朴的青铜器展品与活泼灵动的展陈版式相合，严谨专业的历史文化知识与多元丰富的展示手法和叙述体系并进。

一、内容结构阐释

一千多年前，著名诗人李白写下了“巨海一边静，长江万里清”的壮阔诗篇，展览名称据此化用为“长江万里青”，“青”意指青铜器，代表了长江上、中、下游分布的璀璨青铜文明，同时谐音“情”，长江文明在岁月长河中传承不息，长江一脉的人民更有“共饮一江水”的连绵情谊。

展览根据长江流域商周时期文化特征，划分为“既田疾兵”“设宴飨客”“异彩华章”三个单元，分别展示长江流域代表性的青铜农具、兵器、炊器、宴饮器、祭祀用具和乐器，另设有精品文物集中展区“物华天宝”（图1—图4）。从外在结构看，展览的叙述框架结构基本遵循考古学专业器类划分，对文物进行集群展示；从深层逻辑上来说，农业、战争、宴饮、祭祀涵

图1 “既田疾兵”展厅效果

▌图 2 “设宴飨客”展厅效果

▌图 3 “异彩华章”展厅效果

图 4 “物华天宝”展厅效果

盖了商周时期社会生活的各个方面，在展示次序上，具有递进关系：农业生产是支持社会发展的基础；战争是区域间交流、资源获取与文化传播的重要手段，由农业生产到战争掠夺的转变，体现的是商周时期风云变幻的局势与动荡不安的社会现实。以农耕与战争作为基础，铺垫引出富庶奢华的贵族宴饮物质生活，再升华到祭祀乐舞的精神生活，进而构成一幅完整的商周社会生活图卷。

（一）既田疾兵

本单元由“耕耘树艺”“刀光剑影”两部分组成，分别选取长江流域代表性青铜农具和兵器，切入农耕和战争这两个关系商周时期复杂社会之国本的主题。代表性展品包括新干大洋洲铜铲、夔纹刀、三角援戈、太保虘钺、复合铜剑等。

商周时期，长江流域青铜农具出土较少，在“耕耘树艺”部分展出的农具也因此十分有限，与其他部分的文物数量形成鲜明对比，给人以青铜农具稀缺的第一印象，也引起观众对青铜农具使用情况的联想与思考。而新干大洋洲商墓出土的铜铲装饰联珠纹饰，具有参与“社祀”活动的礼仪意义，突出了农业生产在当时社会生活中的重要地位，受到统治者的重视。

“刀光剑影”部分展出大量商周时期长江流域出土的种类繁多且风格鲜明的兵器，包括三角援戈、连弧刃戈、多戈戟等。

（二）设宴飨客

单元细分“列鼎而食”“觥筹交错”两部分，选取长江流域代表性青铜炊器、食器、酒器，从食与饮两个角度阐述长江流域青铜文明。重点展品有：虎耳虎形扁足圆鼎、兽面纹觥、蟠螭纹盥缶、兽面纹提梁壶、噩中方盖鼎、夔龙扁足作宝鼎、带鋬觚形器、父辛爵等。

民以食为天，“列鼎而食”部分集中展示炊煮与盛食器具。商周时期，宴飨活动在长江流域青铜文明中表现突出，青铜饮食器具不仅具备实用功能，也是贵族社会礼仪的重要物质组成，富含政治、礼仪、文化、信仰等多重精神内涵，是记录与反映长江流域青铜文明特色的重要物质载体。

长江流域亦有浓厚的饮酒之风，“觥筹交错”主要从盛和饮两方面来展示铜酒器。与中原地区相比，长江流域觚、爵、斝的酒器组合并不突出，而尊、卣、罍等则广泛流行，并发展成为突出的地方特色。

（三）异彩华章

本单元由“时祀尽敬”“鼓震钟鸣”两部分组成，选取长江流域商周时期与精神文化生活关联紧密的铜器进行重点展示，如古蜀文化祭祀器物群、动物崇拜元素青铜器、乐器等，从祭祀和乐舞两个角度阐述长江流域青铜文明。代表性展品有：铜人面具、铜眼形器、蚕桑纹尊、虎纹剑、铜铙、铜编钟等。

优越的自然地理环境哺育了长江流域丰富的生物种群，激发出先民丰富的想象力，形成了他们别具一格的审美偏好，进而塑造出瑰丽奇伟的精神世界。在自然科学知识匮乏的青铜时代，敬神好巫、“信巫鬼，重淫祀”成为长江流域先民深植的宇宙观念和精神信仰，体现在物质文化上，则是专门用于祭祀的器物群，和对动物形象的利用与动物能力的放大，“时祀尽敬”部分重点展示了这批富含精神崇拜元素的文物。

“鼓震钟鸣”部分展示了长江中下游，尤以江西、湖南、湖北等地为代表，出土的大量制作精良的青铜乐器，其中的铙、镈、甬钟、铃、鼓等较为常见，而尤以铙、甬钟和镈最具特色，它们可能起源于长江流域。这些乐器是礼乐制度的重要载体，并广泛应用于战争、宴飨、祭祀等仪式活动中，在音乐发展史上具有划时代的重要意义。

（四）物华天宝

本单元精选了展览中最具特色的八件精品青铜器，包括菱格纹剑、兽面纹虎耳方鼎、僤监簋、兽面纹尊、蟠龙兽首罍、曾侯丙方缶、铜人头像、蛙纹铙，集合物质文化和精神文化两个方面，从战争、宴饮、祭祀、乐舞多个角度，集中展现长江流域最为发达、最具特色的青铜文明风貌。这一部分的构思意在“去粗取精”，集中“最精品”展示，让观众能在小区域内短时间一次性接受最“精华”、最“凝练”的展览主题表达，即使前三单元的内容有所忽视，在该部分也能最高效领略长江青铜文明的深厚与精彩，加深对展览特色的印象与认识。

二、形式设计整合

本次青铜器展品来源地域广，时段跨度较大，涉及的文化内涵复杂多样，且质地单一。如何将跨文化特征的不同青铜器和谐共陈，同时充分调动观众兴趣，降低同质化展品带来的审美疲劳感，是本次展览面临的较大挑战。在具体的设计上，展览通过对器物的集群处理、重点文物的单独突出和生动活泼的版式设计，打造完整的观展故事线，并配合声光多媒体设备，达到了较好的效果，展现一种多层次、复合型形式设计集合体。

首先，展览形成了点、线、面、体相结合的复合空间结构。各章节选出代表性展品为点，如太保虘钺、虎耳虎形扁足鼎、兽面纹觥、蚕桑纹尊、铜人面具、蛙纹铙等，作为独立欣赏的对象，分布于各单元的显著位置，彰显长江流域青铜文明的独特风采。各小节则以器物群组为线，分别选取与物质生活和精神文化关联紧密的铜器群进行展示，农作、战争、宴饮、乐舞、祭祀各自单独成片，诠释相应文化面貌与风格。而展板与集群展品则构成面，彼此相互呼应，展板设计元素紧扣展示主题。由点到线、由面到体，整个展陈空间浑然一体，和谐共存。

其次，在复合空间结构内，填入了大量充实的设计元素，活化展陈效果。具体来讲，展览的三个主单元，“既田疾兵”“设宴飨客”“异彩华章”分别配以不同的主色调。前文介绍展陈结构时分析了展览想要传达的长江流域商周先民的生活缩影：晨起耕作，忽闻邻国侵扰，战争来袭；战毕，大胜而归，设宴飨客；酒酣饭足之后，带着胜利的喜悦，祭祀乐舞。展览主题色的选择顺应了这种场景与故事的转换。展柜背景根据单元主题需求，分别以蓝绿、红棕、青金、橙红、红黑，代表农耕、战争、宴饮、祭祀、乐舞，色彩鲜明且契合主题环境，并量身设计打造耕作、征战、宴飨、对饮、祭祀、乐舞主题场景画，以人物剪影的形式丰富主题场景柜，将展品放置于相关情境之中，丰富展厅视觉体验（图5）。序厅则以“青”及“青金”作为视觉引导色彩，在展览入口设置青绿弧形展墙，引导观众提前进入展览情境（图6），同时呼应了“长江万里青”的主题，营造了意境之美。

在色彩搭配与版式艺术设计以外，展厅内还设置多处多媒体声光辅助展示。其一，入口序厅处安装投影，以“长江”为意象，模拟江水效果，用气泡承载长江流域的特征青铜器，随水流由远及近向观众视野汇聚（图7）。其二，“物华天宝”精品区外围背景墙投影根据青铜器纹饰或壁画内容改编创作的农耕、战争、宴饮、祭祀、乐舞主题的轮播动画，并配以对应各主题场景的背景音乐，活泼灵动，富有动感，充分调动视觉与听觉的感官配合，带来沉浸式体验，具有身临其境的特殊效果。

本次临展的形式设计从立体空间建构、色彩版式搭配、多媒体辅助等方面着手，探索与力求多层次设计元素的完美融合。从展览实际效果来看，生动的形式设计，弱化了器物同质化带来的视觉疲劳，将器物展示情境化，也将“长江”背景一以贯之，突出强化了展示主题。

图5 单元主色与人物剪影形象

图 6　序厅引导及展览入口

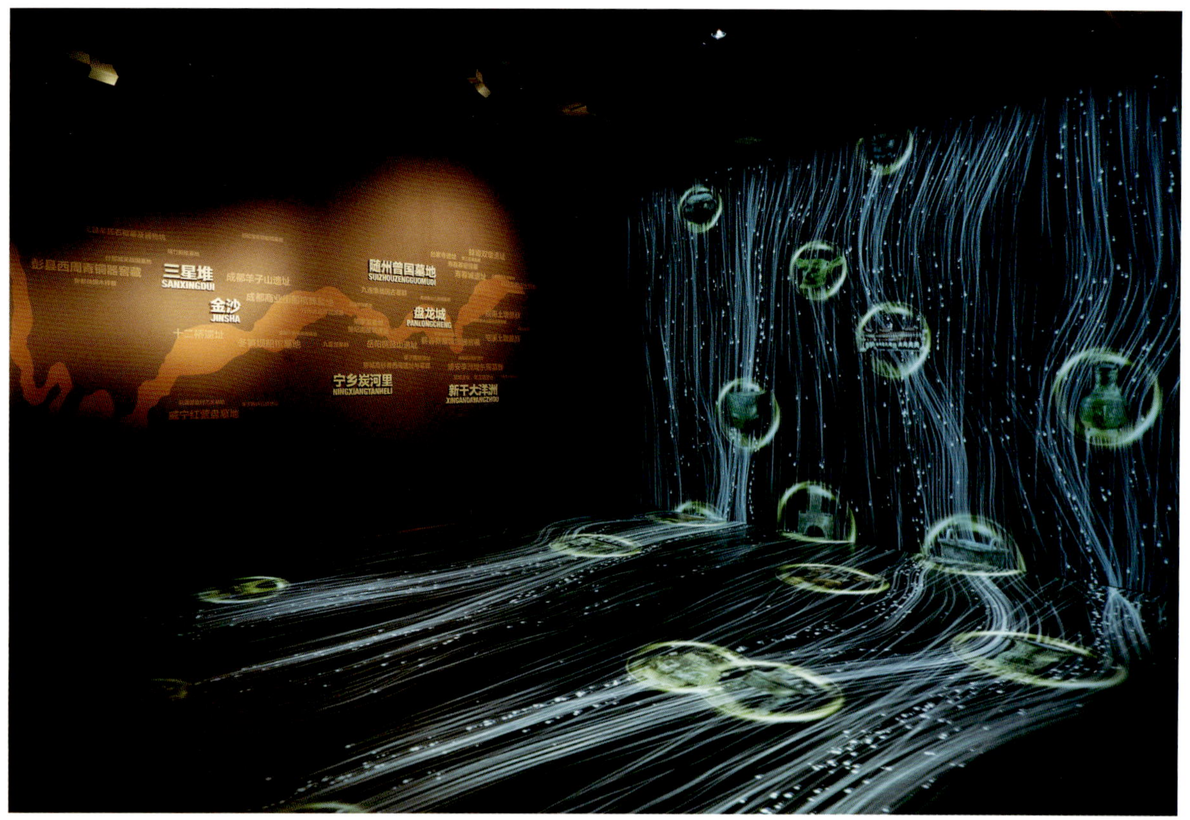

图 7　展览序厅模拟江水投影

三、宣教活动实践

为深化公众观展体验，提升展览知名度与传播影响力，由宣传策划团队开办了与“长江万里青”展览主题相契合的配套社教活动，针对不同年龄段的认知差别，推出的活动形式也丰富多样。

长江流域青铜文化分区与特征复杂，展览主题叙事宏大，而展厅空间所承载的信息有限，与完整的长江流域青铜文化面貌相较有差距，专题讲座则可以将未完的细节知识更全面的带给公众。本次展览邀请了成都金沙遗址博物馆副馆长王方、中国社会科学院考古研究所研究员王仁湘、武汉大学历史学院教授张昌平、湖北省社会科学院原副院长刘玉堂先后带来精彩公益讲座，从不同角度解读长江流域文明发展，给热爱考古文博的公众提供了深入了解展览的途径（图 8、9）。

此外，“神奇动物在哪里”“指尖上的吉金”（图 10、11）等主题活动，由文物讲解、知识小

图 8　专家讲座现场

图 9　专家讲座现场

图 10　“神奇动物在哪里”社教活动

图11 “指尖上的吉金”社教活动

课堂、手工制作等环节构成，向学龄孩童普及长江流域青铜器的相关知识，传述方式和话语体系浅显易懂，图文并茂，并鼓励动手实践，将长江文化融入教育启蒙。

“长江万里青”展览在展陈内容和形式设计上，始终围绕“长江青铜文明”的主线，力求用生动活泼的叙述体系淡化“百科全书”式铺陈，置青铜器于相应的情境之中，营造氛围感，使其内涵获得延伸，进而丰富和拓展观众对青铜器、对长江文明的认知。本书在展览原有叙述体系的基础上，对所有参展文物进行了更为详细的介绍，文物的高清图片一定程度上弥补了展览现场受灯光条件影响导致的部分文物细节无法看清的缺憾，以供文博业界及爱好者参考。

盘龙城遗址博物院

程酩茜、李琪、沈美辰

第一单元 既田疾兵

Agriculture and War

“夙兴夜寐，耕耘树艺，手足胼胝，以养其亲”，商周时期劳动人民精耕细作，统治者亦亲自参与“观耤”仪式，支持农业生产。“操吴戈兮被犀甲，车错毂兮短兵接”记录了当时的硝烟四起，战火弥漫。时移世易，考古发现的这些青铜农具和兵器使我们得以一窥长江流域朝耕暮耘抑或刀光剑影的商周残影。

“*Cultivate crops the whole day and suffer from physical ailments to obtain food so that parents can be well fed*”, the sentence from Chinese classical literature *Xunzi* described that past people worked intensively and pursued meticulous farming. Sometimes, rulers even personally participated in the “*Guan Ji*” ceremony to make an example and show support to agricultural production. “*Wielding dagger-axes of Wu style, wearing rhino hide armors. The warriors drove a fierce battle in a chariot*”. This ancient poem records scenarios of cruel and relentless wars at that time. Although the past has gone, those unearthed bronze agricultural tools and weapons can give us a glimpse into the scenes of farming and warfares in the Yangtze River during the Shang and Zhou Period.

第一节　耕耘树艺

农业生产是中国青铜时代经济发展的基础，青铜农具在长江流域有零星发现，尤以江西新干大洋洲商墓出土的最具代表性，地方特色十分浓厚。部分农具有明显的使用痕迹，投入到了实际农业生产中；有的纹饰较华丽，并且有丝织物包裹的痕迹，是统治者"社祀"活动的重要礼仪用具，表明了农业生产在当时社会生活中的重要意义。这些青铜农具在种类、数量、纹饰等方面与中原的差异，也表现了长江流域青铜文明的特殊性。

From Cultivate to Harvest

Agricultural production played a fundamental role in economic development during the Bronze Age. Bronze farming tools were found sporadically in the Yangtze River Basin, and the most representative ones, with strong local characteristics were unearthed from the tomb, dated back to Shang dynasty in Dayangzhou site, Xingan, Jiangxi. Some of them have obvious marks of use, indicating they were invested in daily agricultural production, others have gorgeous decorations and were well wrapped in silk, which means they were important ceremonial tools for the rulers' "community sacrifice" activities, highlighting the great significance of agricultural production in social life at that time. The bronze farming tools differ from those in Central Plains in categories, quantities and ornamentations, manifesting the unique features of bronze culture along the Yangtze River.

001

铜锸

西周

刃宽 9.1 厘米

湖南湘潭征集

湖南博物院藏

两腰微收，弧刃，两刃角外撇，正面微隆起，背面较平。铜锸用于起土，疏松土壤以利于播种。具有相同功能的器类还包括犁铧、耒、耜、镢等。

002 **联珠纹铲**

商代晚期

通长 13.5 厘米　宽 11.2 厘米

銎径 6.6×3.5 厘米　重 540 克

江西新干大洋洲商墓出土

江西省博物馆藏

椭圆銎伸入铲面中上部，弧形扁平刃，铲体平面近圆形，銎口沿处一周微凸加厚，呈宽带状，下饰一周上下界以凸弦纹的联珠纹。中耕过程中使用铲，在作物生育期于株行间疏松表土、除杂草，可改善土壤板结，增加透气性，推进作物根系伸展。同类农具还有耨、锄等。

003

铜镰

商代晚期

长 19.3 厘米　柄宽 3.8 厘米

脊厚 0.4 厘米　重 115 克

江西新干大洋洲商墓出土

江西省博物馆藏

长条形，前锋下勾，体薄，单面刃，无齿；背部有隆起的脊，近内部有一穿。铜镰属收割农具，锋利的刃部在收割水稻等农作物时效率较高，但出土数量稀少，石质镰刀则使用更普遍。

第二节　刀光剑影

青铜时代，华夏大地征伐不断，在考古发现中，最直观地反映这种区域冲突与战争的就是各类兵器。《孙子兵法·始计篇》有云“兵者，国之大事，死生之地，存亡之道，不可不察也”。战争作为国家扩张与资源获取的重要手段，其决胜的关键条件之一是精良的武器装备。长江流域商周时期遗址出土了数量繁多的各类兵器，特征迥异，不少造型奇特，功用突出，巧夺天工，是为战争中无可匹敌者。

Weapons and Battle-equipments

The various types of bronze weapons discovered by archaeological excavations are the most direct reflections of regional warfares in China during the Bronze Age. Sun Tzu said in *Master Sun's Art of War* "*The art of war is of vital importance to the state. It is a matter of life and death, a road either to safety or to ruin. Hence it is a subject of inquiry which can on no account be neglected* ". The country relies on wars to expand its territory and plunder resources, in such case, high-quality weapons are of particular importance in the victory of the war. A great diversity of bronze weapons, many of which are peculiar in shape, outstanding in function, or ingenious have been widely unearthed from sites along the Yangtze River Basin, being unmatched in war during Shang and Zhou periods.

004

曲内戈

商代晚期

通长 25 厘米　内长 6.7 厘米

援宽 5.4 厘米　重 240 克

江西新干大洋洲商墓出土

江西省博物馆藏

长直援，隆脊，两侧带血槽，援本部一穿，穿两侧各饰一变体卷尾龙纹。上下阑，近上阑处一长方穿。长方直内中部一穿，上端角弯曲，状如上卷的鸟喙，两面均饰目雷纹。戈在青铜兵器中出现较早，二里头文化时期可见，延续使用至战国、秦。

005 三角援戈

商代晚期

通长 19.2 厘米　援宽 11.3 厘米

安徽阜南台家寺遗址出土

安徽省文物考古研究所藏

援部近等边三角形，中脊凸起，长方形内翘曲。援本部辟出近半圆形区域，中有一圆穿，近内侧对称分布两个细长条形穿。内部有一水滴形孔，两面均有圆点纹，列五行组成长方形图案。

006　三角援戈

西周

通长 22.5 厘米　援宽 8.5 厘米

湖南省文物考古研究所藏

三角援，中脊隆起，援本部有圆穿，上饰兽面纹，两眼圆凸，阑侧有两个近椭圆形穿；直内，近援端有一椭圆穿，内尾饰云雷纹、螺旋纹组合纹饰，下角一缺。

007

元戈

西周早期

通长 21.7 厘米　重 344 克

湖北随州叶家山 M111 出土

随州市博物馆藏

直援微弧上扬，上下刃薄，中脊厚，脊微凹呈细长齿状血槽，与胡内侧五个锯齿纹相连，似张开的兽嘴；阑下侧长方形二穿，阑上部两面皆带有一凸起的圆耳状翼，翼与锯齿间饰圆圈装饰，应为兽眼；长方形直内，下角稍残，内中有一“元”字样。

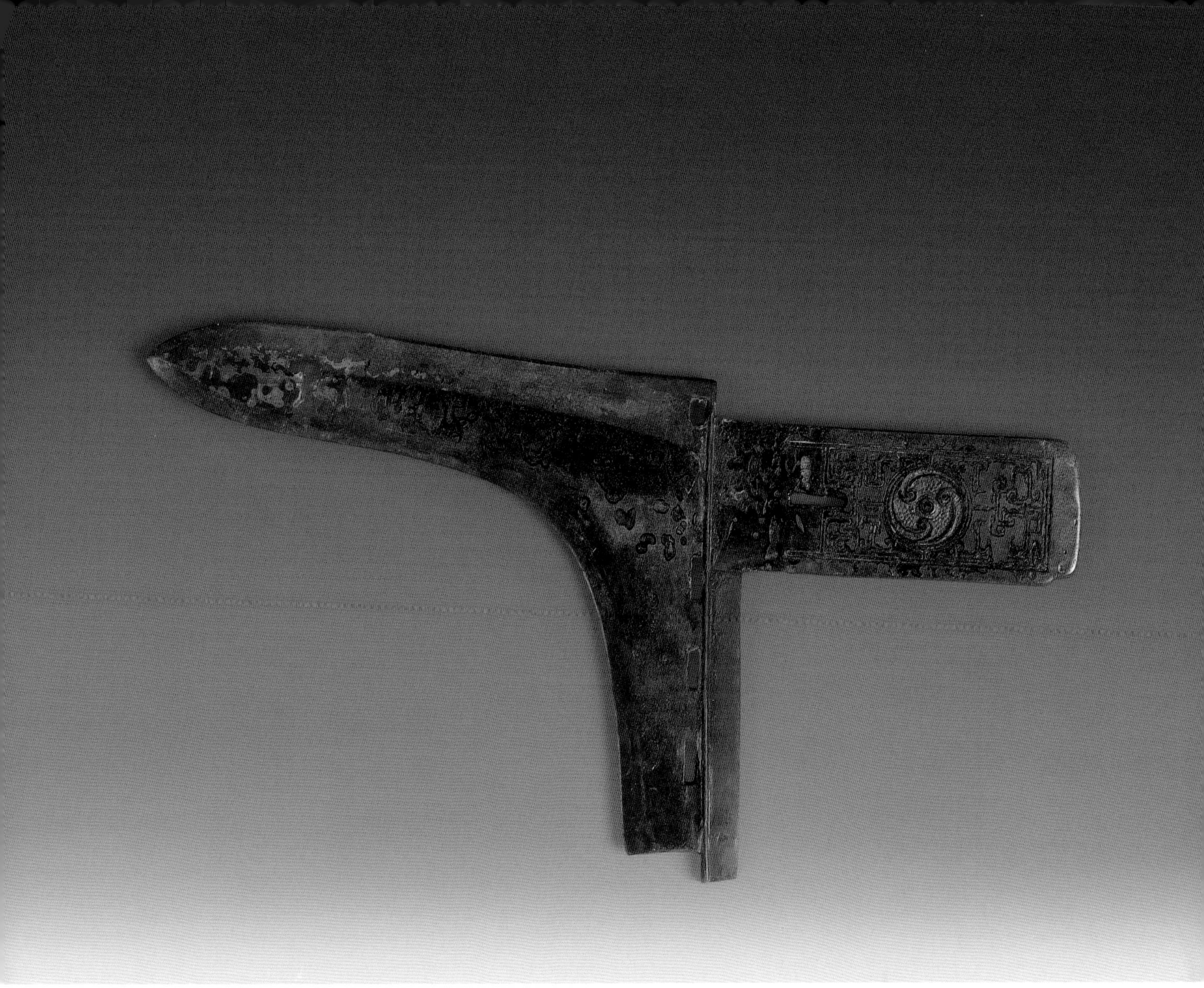

008

涡纹戈

战国

通长 21.2 厘米　宽 10.9 厘米

湖南临澧九里大墓出土

湖南省文物考古研究所藏

长援上扬，锋作柳叶形，援中起脊；胡较宽长，胡上四穿；长方形内，近援端有一细长穿，内尾由双细线勾连的矩形框内饰云纹和涡纹。援部是杀伤力来源，分上、下刃，上刃推撞，《史记·鲁周公世家》载“舂其喉，以戈杀之”；下刃配合胡部用以勾割；上下刃向前聚收成锋，用以啄击。

009 连弧刃戈

商代晚期

长 19.2 厘米　宽 6 厘米

厚 0.25 厘米

四川广汉三星堆遗址二号祭祀坑出土

三星堆博物馆藏

援宽而短，呈三角形，前锋微残，中部起浅脊，两侧刃齿较密。本部长方形，中有一圆穿。内部较长。连弧刃戈也称连弧刃戈形器、弧刃戈，目前仅见于成都平原，器形别致，器身轻薄，不适用于实战，出土时有被灼烧的痕迹，或是乐舞祭祀场合配合使用的“舞戈”。

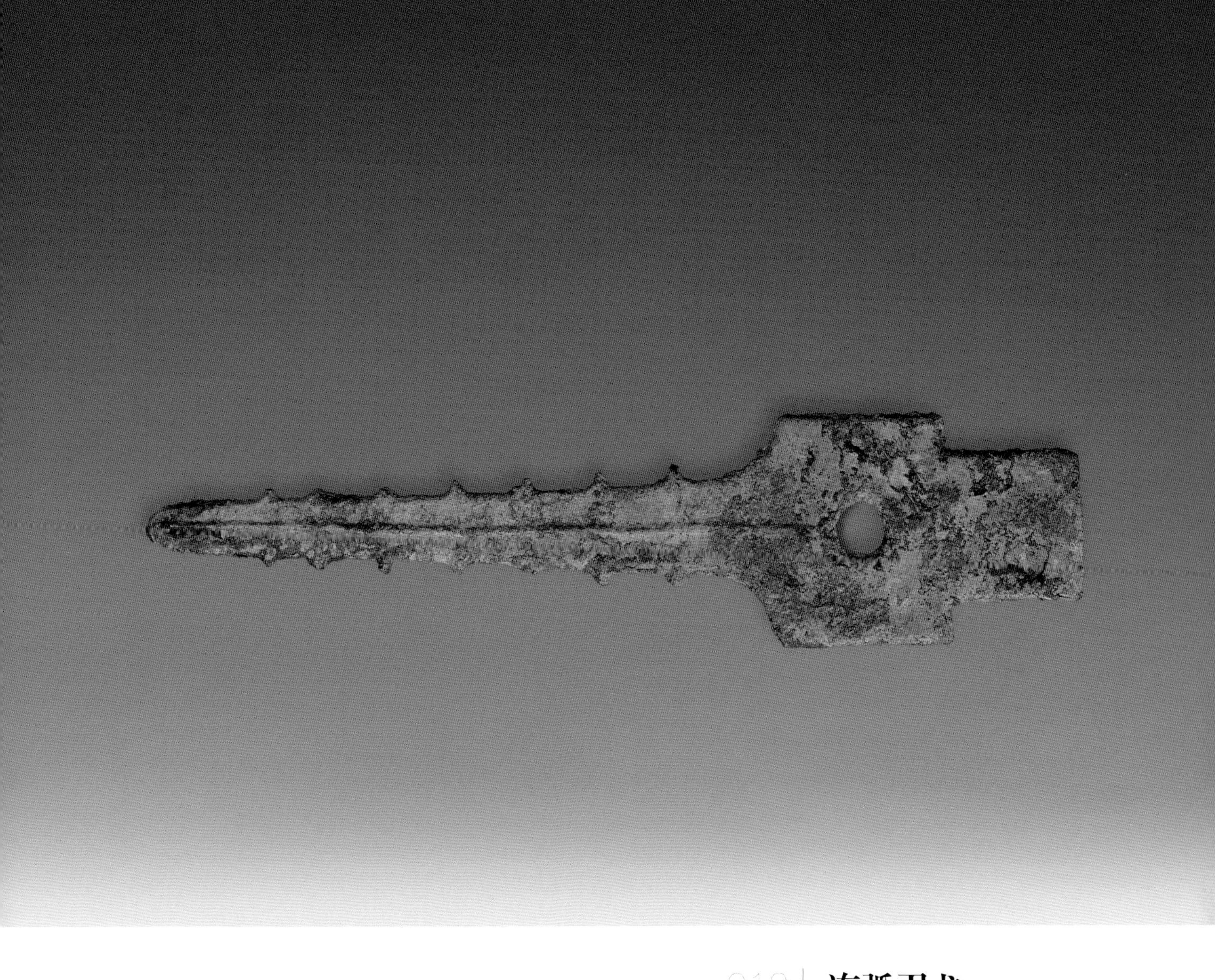

010 连弧刃戈

商代晚期至西周

长 21.3 厘米　宽 5.17 厘米

厚 0.43 厘米

四川成都金沙遗址出土

成都金沙遗址博物馆藏

援长而窄，锋部缓收，援中起脊，刃有上下对应的七组尖齿，呈连弧状。本宽大，上下端平直，中一圆穿，凸起的中脊从穿处向前延伸至戈锋。内短，比援部略宽。无明显使用痕迹。受埋藏环境影响，戈身弧卷变形，出土时遍布铜锈。

011 连弧刃戈

商代晚期至西周

长 20.1 厘米　宽 4.53 厘米

厚 0.25 厘米

四川成都金沙遗址出土

成都金沙遗址博物馆藏

与 010 形制基本一致，兹不赘述。

012

卷云纹矛

西周

残长 21 厘米

湖南望城高砂脊遗址 A 区 M1 出土

湖南省文物考古研究所藏

矛头残，矛身细直，正视近长方形，中脊起棱。骹截面呈方形。矛身下半部饰蝉状卷云纹，骹身饰卷云纹。

013

铜矛

西周

长 21 厘米

湖南望城高砂脊遗址 A 区 M1 出土

湖南省文物考古研究所藏

矛身细长，中脊起棱，前端略宽，锋头扁圆。骹截面呈椭圆形。

014

铜矛

西周

通长 28.5 厘米　骹长 14 厘米

湖南长沙金井区双江公社出土

长沙市博物馆藏

矛叶呈细长等腰三角形，边角较圆弧，中部起脊，与骹部连接处有镂空凸起；长骹，由近矛叶端向下部渐宽。

015

“王”字矛

战国

通长 20.5 厘米

湖南长沙省人民政府院内工地出土

长沙市博物馆藏

矛身柳叶形，中部起脊，脊两侧饰上下三组变形几何纹；骹部较长，一面饰“王”字纹。这种“王”字纹矛多见于长江中下游地区，最早出现于江浙，颇具特色。

016 ## 几何纹矛

战国

长 21.8 厘米　宽 3.2 厘米

骹直径 2.5 厘米

湖南益阳电厂出土

湖南省文物考古研究所藏

矛身柳叶形，中部起脊，叶中饰变形几何纹；骹部较长，一面中部饰几何纹，下有一穿钮。

017 四钮矛

战国

长 21.5 厘米　宽 3.7 厘米

骹长 2.7 厘米

湖南益阳电厂出土

湖南省文物考古研究所藏

矛身柳叶形，中部起脊，两翼微内凹成血槽；长骹上半部分的两侧各分布有上下并列的两个半环形钮，左右对称，十分规整。

018

鸟纹戈镈

战国

长 14.4 厘米　宽 3.4 厘米

銎长 2.2 厘米

湖南益阳高尔夫球场出土

湖南省文物考古研究所藏

銎口五边形，銎面云纹基本磨平不存，中部饰浮雕鸟纹，线条简单，有密集的点纹为地；下部光素无纹，作五边形，并收向一侧，至底部呈纤细四方蹄足。銎口用于套接柲底，《礼记·曲礼》载“进戈者前其镈，后其刃；进矛戟者前其镦”，郑玄注“锐底曰镈，取其镈地；平底曰镦，取其镦地”。一般而言戈柲下端铜件称镈，而矛柲下端铜件称镦。

019 云纹戈镈

战国

长 12 厘米　宽 4.2 厘米

骹长 2.5 厘米

湖南省文物考古研究所藏

造型如鸡腿，銎口近水滴形，中部外凸，下部圆鼓逐渐收缩成蹄足，器表饰勾连云纹和龟背状纹样。

020

铜矛镦

战国

长 6.2 厘米　宽 3.8 厘米

湖南慈利骑龙岗出土

湖南省文物考古研究所藏

銎口近椭圆形，一面中上部有一小圆穿，中部有凸箍三周，下半部七边形，逐渐收缩成蹄足。

021

牛首纹戟

西周

横长 25.5 厘米　残高 24.4 厘米

重 375 克

湖北随州叶家山 M111 出土

随州市博物馆藏

器体厚重，铸造精良，合戈矛功能于一体。援略上扬，锋圆尖如舌形，援脊有三条棱线，连接至援本中间的牛首纹，刺上锋缺失，内侧有刃，中部加厚，胡部有刃，阑侧四穿，上下各二，长方形直内，内后缘凹缺呈横倒的“W”形。器身一次浇铸成形，这种牛首纹饰在北方地区也有发现，具有文化交流的意义。

022

双戈戟

战国

有内戈通长 30.3 厘米　阑长 12.1 厘米；

无内戈长 17 厘米　阑长 8.9 厘米；

矛长 12.7 厘米

湖北荆州雨台范家坡 M4 出土

荆州博物馆藏

一套三件，由分别铸造的矛和双戈联装组成。矛身柳叶形，骹较短；上部有内戈，援长而狭，中脊呈条状凸起，内部较长而尾上翘，上有四道凸棱形成平行的三道凹槽，接近阑侧有一长椭圆形穿，胡较短，上有三穿；下部无内戈，援形制与有内戈相似而略小，胡有二穿。这种双戈或三戈的多戈戟，是长江中下游地区楚、吴、越、蔡等国的专属，极富长江流域特色。

023

夔纹翘首刀

商代晚期

通长 31.8 厘米　本宽 4.2 厘米

柄长 7.5 厘米　重 290 克

江西新干大洋洲商墓出土

江西省博物馆藏

长条形，短柄，前锋上翘，刃薄，脊部加厚起棱，脊背饰燕尾纹，刀身两面近脊处饰粗线条的云纹，组成勾喙、方目、上卷尾的展体夔纹，本部两面饰筒体方目兽面纹。

024 云纹刀

西周

残长 11.5 厘米　宽 1.8—2.6 厘米

湖南望城高砂脊遗址 A 区 M1 出土

湖南省文物考古研究所藏

柄部不见，刃部残损，刀锋上翘。背上有扉棱，面上饰三组斜列云纹。器身装饰华丽繁复，不仅可作近身武器，更能彰显持有者的贵族身份。

025

云纹刀

西周

残长 11.7 厘米　宽 2.8 厘米

湖南望城高砂脊遗址出土

湖南省文物考古研究所藏

刃部残损，脊背有扉棱，一面饰三组斜列云纹。

026

铜钺

二里头时期

残长 11.2 厘米　宽 10.8 厘米

最厚 1.5 厘米

安徽肥西三官庙遗址出土

安徽省文物考古研究所藏

整体呈“风”字形，内部缺失，阑部残损，刃角外侈，刃部呈宽弧形；钺身上部近内处装饰左右分区的小乳钉纹，以网格间隔整齐排列；钺身中部有一圆穿，穿周凸起呈圆环，并向刃一侧呈锥状伸出。《国语·鲁语》：“大刑用甲兵，其次用斧钺。”钺既是兵器，又是刑具，还是有很高权威的仪仗用具，凸显所有者的高等级地位。

027 太保虘钺

西周

通高 29.4 厘米　最宽 17.4 厘米

銎厚 0.3 厘米

湖北随州叶家山 M111 出土

随州市博物馆藏

半环形，背部上端有一个椭圆形套銎，有阑，阑侧长方形二穿，体宽扁、半弧形两面刃较宽。两面内侧均饰龙纹，龙体有重环纹，一面的中部重环内铸铭三字，自上而下为“太保虘”。

028

铜钺

战国

通长 10.5 厘米　銎径 3.8×1.5 厘米

湖南博物院藏

整体呈“风”字形，正视左右对称，线条柔和圆润。弧刃向两侧弯翘，方銎，銎的一侧有一环钮，钮断缺。钺身中部近梯形的框内饰三角雷纹及人物、三角、圆点、钩子、弯刀等图案，两面纹饰不同。

029 夔龙短剑

春秋

通长 18.8 厘米

湖南湘乡征集

长沙市博物馆藏

圆环形剑首，表面均匀分布一圈放射状线形凹槽；剑茎扁平，浅浮雕夔龙纹，翼状格；剑身直刃，中间稍起脊，剖面呈菱形。

030

铜短剑

战国

通长 18.7 厘米　宽 4.1 厘米

首 3.8 厘米

湖南澧县城头山遗址出土

湖南省文物考古研究所藏

喇叭状圆首内凹，细长圆茎，格较窄，柳叶形剑身极短，中部起脊，脊一侧近格处有一小圆穿。

031 虎纹柳叶形剑

战国

残长 57.4 厘米　茎 10.2 厘米

宽 4 厘米

湖南博物院藏

剑身柳叶形，扁茎，剑锋和茎尾略有缺损，表层大部分剥落。剑身两面近格处饰虎纹，虎纹作侧面描绘，奔跑状，张口露舌，曲足腾空。

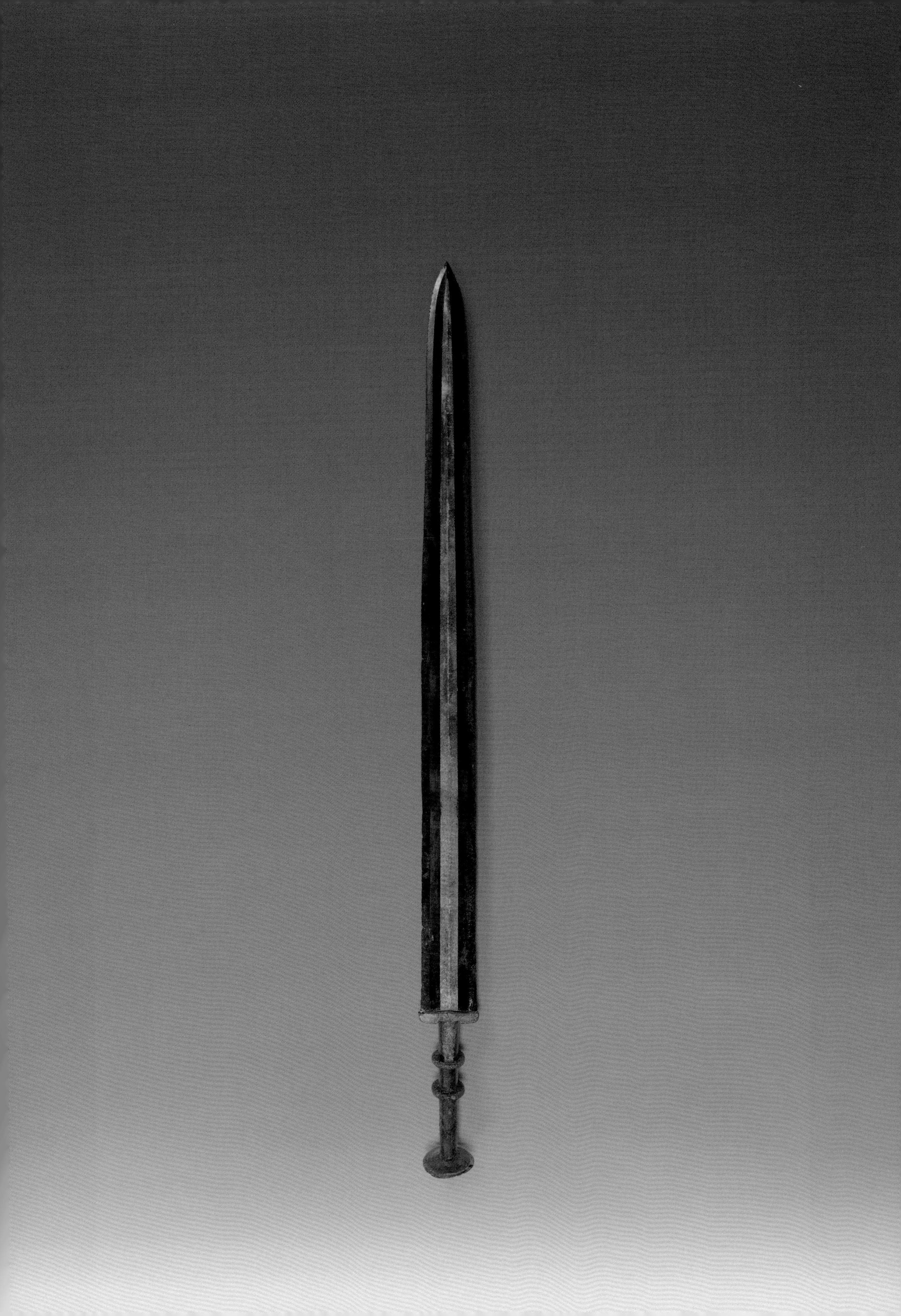

032

复合剑

战国

通长 66 厘米　身宽 4.2 厘米

湖北荆州雨台范家坡 M35 出土

荆州博物馆藏

圆首内凹，圆柱形实心剑茎，双箍，格作倒凹字形，剑身细长，近锋处收狭，弧形双刃，中部起脊，两从斜弧。因剑脊与剑刃使用不同配比的青铜合金二次铸造，剑身呈黑色，剑脊呈绿色。《释名・释兵》："剑，检也，所以防检非常也。又其在身拱时敛在臂内也。" 剑用作贴身防范，常配挂在腰侧。

033 嵌绿松石剑

战国

通长 60.2 厘米　宽 4.9 厘米

首 4.1 厘米

湖南省文物考古研究所藏

圆首，圆茎，无箍，凹字形格，剑身中部有脊，整体较直，至尖锋处逐渐内收变窄，横截面呈菱形。一面剑格上有绿松石镶嵌的装饰，另一面绿松石已脱落不存，两面纹饰不同。

034

镂空宽翼镞

商代晚期

通长 10 厘米　翼宽 8.4 厘米

重 36 克

江西新干大洋洲商墓出土

江西省博物馆藏

两翼展开角度大，刃微弧，菱形长脊两侧的翼部带斜三角形镂孔，后锋长度过铤。大洋洲出土的这种镂空翼镞不见于中原乃至邻近的长江流域其他地区，颇具地方特色。

035 镂空窄翼镞

商代晚期

通长 8.4 厘米　翼宽 4.4 厘米

重 25 克

江西新干大洋洲商墓出土

江西省博物馆藏

整体呈等腰锐角三角形，长菱形凸脊，脊两侧的翼部带斜三角形镂孔，两侧刃斜直，后锋开展较窄。

036

长脊窄翼镞

商代晚期

通长 9 厘米　翼宽 5.6 厘米

重 33 克

江西新干大洋洲商墓出土

江西省博物馆藏

长菱形凸脊，侧刃微弧，镞脊透出脊本，后锋开展较窄。

037

长脊宽翼镞

商代晚期

通长 8.8 厘米　翼宽 6.1 厘米

重 33 克

江西新干大洋洲商墓出土

江西省博物馆藏

长菱形凸脊，侧刃微弧，双翼外张，后锋尖锐，一侧微残。

038 铜角形器

二里头时期

通长 31 厘米　最宽 8 厘米

厚 3.5 厘米

安徽肥西三官庙遗址出土

安徽省文物考古研究所藏

整体呈牛角状，中空，因挤压近扁平；器身两面中部各有一道凸脊；口部椭圆形，呈箍状，两面近口部各有两个长方孔。

第二单元

设宴飨客

Ritualized Banquet

煌煌中华，文华璀璨，奔涌不息的长江之水，融汇百川，滋养了中国历史文化独具特色的长江青铜文明。智慧的先民，以铜为载体，将生活习俗与传统融入其中，别具匠心创造出特色鲜明的铜器，并将其广泛应用于宴饮生活中。商周时期，长江流域的青铜文明具有着十分丰富的宴饮习俗，铜器组合器类多样，常见有炊器、食器、酒器等几大类。

The glorious China, the brilliance of the culture, the ever-flowing water of the Yangtze River, merges with all rivers, and nourishes the unique Chinese history and culture of the Yangtze River bronze civilization. The wise ancestors merged life customs and traditions into bronze wares, created unique ancient Chinese bronze vessels with distinctive characteristics, and widely used them in banquet. During the Shang and Zhou Period, Chinese bronze civilization had a very rich banquet custom in the Yangtze River Basin. There were various types of bronze combinations, such as cooking vessels, food containers, and drinking vessels.

第一节　列鼎而食

“民以食为天”，饮食促成了饮食器具的产生和发展，饮食器具的演进又与人们日常食谱的改变，食品质量的提高，烹饪技艺的改善，饮食风俗的变化等密切相关。商周时期，宴飨是长江流域贵族社会生活重要的礼仪活动之一，青铜饮食器具不仅具备实用功能，作为重要礼器，还承载着政治、礼仪、文化、信仰等多重精神内涵，是记录与反映长江流域青铜文明的重要物质载体。

Ritualized Food Vessels

"*Hunger breeds discontentment*", Diet contributed to the production and development of eating utensils, the evolution of eating utensils is closely related to the changes in people's daily recipes, the improvement of food quality, the development of cooking skills, and the changes in dietary customs. During the Shang and Zhou Period, Banquet was one of the important ritual activities in the social life of the nobles in the Yangtze River Basin. Bronze eating utensils not only had practical functions, but also carried multiple spiritual connotations such as politics, etiquette, culture, and beliefs. It is an important material carrier for recording the bronze civilization in the Yangtze River Basin.

039

虎耳虎形扁足圆鼎

商代

通高 38.2 厘米　口径 26.4 厘米

腹深 11.4 厘米

江西新干大洋洲商墓出土

江西省博物馆藏

敞口，折沿，外沿环饰一圈燕尾纹。立耳上伏虎，身饰雷纹，尾布鳞片，呈静卧状；耳外侧两条展体龙纹。垂腹，腹部饰高扉棱鼻的兽面纹，乳钉突出。虎形扁足，上部虎嘴咬合鼎腹，下部尾上翘。独特的虎形扁足与耳上双虎相呼应。此类虎装饰的青铜鼎为长江流域所独有，虎是商代江西土著青铜文化的标志，表现了当地独特的虎崇拜，扁足的形制也是长江流域的特色。

盖内铭文

器内壁铭文

040　䣄中方盖鼎

西周早期

通高 35.2 厘米　口长 28.8 厘米

口宽 19.5 厘米

湖北随州羊子山 M4 出土

随州市博物馆藏

长方形平盖，盖面四角均有扁体倒立龙形钮，盖中有一宽带桥钮；盖面饰以雷纹为地的对称兽面纹。高立耳，深直腹，细柱足。腹部主体及足根饰兽面纹，腹四隅、四面中心及足根部均有钩形扉棱。盖内铭文和器腹内壁铭文一致，均为两行六字："䣄中乍（作）宝隮彝。"这件器物与陕西、河南等地西周早期器物风格类似。

041

尤亼伯方鼎

西周早期

通高 24 厘米　口长 18.3 厘米

口宽 14.8 厘米　足高 10.2 厘米

湖北随州叶家山 M96 出土

随州市博物馆藏

立耳，宽平沿，直腹，细柱足。腹四面饰相同的浮雕纹饰各一组，上腹部饰一首双身的龙纹，首居中，尾部向两侧曲伸；下腹两侧饰对称的凤鸟纹。腹内壁有铭文两行七字："尤亼白（伯）乍（作）寳障彝。"

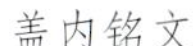
盖内铭文

器内壁铭文

042　曾侯方鼎

西周早期

通高 21.1 厘米　口长 16.7 厘米

口宽 13.1 厘米　腹深 8.5 厘米

湖北随州叶家山 M111 出土

随州市博物馆藏

长方形平盖，盖中有一桥钮。立耳，宽平沿，直腹，柱足。双耳外侧饰两首相对的阴线爬行龙纹。腹四面纹饰一致，上腹部饰以云雷纹为地的双身共首龙纹，腹中有小块矩形留白区域，下腹其他处满饰规整的乳钉纹。足根部饰兽面纹。盖内铭文两行七字“曾侯乍（作）宝尊彝鼎”，鼎腹内壁单行五字“曾侯乍（作）宝鼎”。

043 夔龙扁足作宝鼎

西周早期

通高 16.9 厘米　口径 13.5 厘米

足高 9.3 厘米

湖北随州叶家山 M65 出土

随州市博物馆藏

立耳，宽平沿，垂腹，扁足。上腹部饰一周由简化兽面和细线云雷纹、列旗纹组成的纹带，并间以等距的六道短扉。扁足作腾飞的夔龙状。器腹内底有铭文一行三字“乍（作）宝鼎”。

044

涡纹鼎

西周

通高 24 厘米　口径 20.4 厘米

腹深 11.8 厘米

湖南望城高砂脊遗址 A 区 M1 出土

湖南省文物考古研究所藏

索状立耳，卷沿，腹微鼓，柱足微外撇。上腹部饰一周以云雷纹为地、四瓣目纹与涡纹相间组成的纹饰带。

045 | # 蕉叶纹鼎

西周

通高 23.6 厘米　口径 21 厘米

腹径 20.7 厘米

湖南望城高砂脊遗址 A 区 M1 出土

湖南省文物考古研究所藏

宽立耳，折沿，垂腹，柱足微外撇。上腹以云雷纹为地，饰浮雕兽面和龙纹，间有六道短扉；下腹饰蝉体蕉叶纹。内壁有一“西”字铭文。

046

蕉叶纹鼎

西周

通高 13.5 厘米　口径 10.5—12 厘米

腹深 6 厘米

湖南望城高砂脊遗址 A 区 M1 出土

湖南省文物考古研究所藏

立耳，折沿，颈部微收，鼓腹，细蹄足。上腹以云雷纹为地，饰尾上卷的兽面纹三组，下腹饰蝉体蕉叶纹。

047

蕉叶纹鼎

西周

通高 15.5 厘米　口径 13.6 厘米

最大腹径 12.8 厘米　腹深 8.5 厘米

湖南望城高砂脊遗址 A 区 M1 出土

湖南省文物考古研究所藏

立耳，宽折沿，束颈，鼓腹，蹄足。上腹饰尾上卷的兽面纹三组，下腹饰蝉体蕉叶纹。

048

蕉叶纹鼎

西周

通高 14 厘米　口径 10.5—12 厘米

腹深 6.5 厘米

湖南望城高砂脊遗址 A 区 M1 出土

湖南省文物考古研究所藏

立耳，折沿，腹微鼓，细蹄足。上腹以云雷纹为地，饰尾上卷的兽面纹三组，下腹饰蝉体蕉叶纹。

049 蕉叶纹鼎

西周

通高 13.8 厘米　口径 11 厘米

腹深 6.4 厘米

湖南望城高砂脊遗址 A 区 M1 出土

湖南省文物考古研究所藏

与 048 形制基本一致，兹不赘述。

050

越式蝉纹鼎

春秋

通高 17 厘米　口径 18 厘米

征集

湖南博物院藏

牛角形方耳外撇，折沿，垂腹，柱足上鼓下细，微外撇。耳内侧饰几何线形纹饰，腹部装饰两层蝉纹纹饰带。

051

三羊纹鬲

商代

通高 22.8 厘米　口径 14.7 厘米

湖南株洲征集

湖南博物院藏

立耳，长束颈，弧腹，高分裆，空心柱足微外撇。颈中部饰斜线云雷纹；以三分裆为基础，腹部饰三组羊纹，半浮雕粗壮的角，占兽面的大部，眼、鼻、嘴所占位置很小，嘴侧獠牙可见；以细密云雷纹为地。春秋战国时期，鬲多以偶数组合与列鼎同墓随葬，起陪鼎的作用。到了战国晚期，青铜鬲逐渐消失。

052

𬼘君甗（附盖）

战国

通高 65 厘米

湖北随州文峰塔 M18 出土

随州市博物馆藏

蒸食用器，器形较大，由甑和鬲组成，附盖。隆顶盖，盖顶有提环，盖身饰两周凸弦纹，其间均匀立三个兽形环钮。甑直口，沿底设一圈镂空气孔；大立耳，颈内收，下饰一圈凸弦纹；鼓腹斜收，腹上有两对称环钮；平底，箅上镂孔呈放射状排列；有三个攀兽形足。鬲腹圆鼓，三粗壮蹄足。

甑内壁铭文

053 兽面纹簋

商代

通高 17.4 厘米　口径 25.5 厘米

湖北武汉盘龙城李家嘴 M1 出土

湖北省博物馆藏

敞口，折沿，附兽首形双耳，微束颈，饰有两圈细凸弦纹；弧腹微鼓，腹饰浅浮雕兽面纹，兽目圆突；圈足较直，上部有三个“十”字形镂孔。此器双耳为器身成形后铸接，内壁可见三个凸起的榫头。簋用于盛装黍、稷、稻、粱等熟饭，在祭祀和宴飨时以偶数组合与奇数的列鼎配合使用，充当重要的祭祀、礼制用器。

054

叔桑父簋

西周早期

通高 20.5 厘米　口径 18.1 厘米

圈足径 16.3 厘米　圈足高 4.7 厘米

湖北随州叶家山 M4 出土

随州市博物馆藏

盖微隆，盖顶有圆形捉手。束颈，兽形鋬耳，耳下设小珥，鼓腹，高圈足。盖面内圈装饰瓜棱纹，盖缘、颈部和圈足上部均饰由高浮雕兽首、浅浮雕龙纹和涡纹组合排列而成的纹饰带；腹部饰瓜棱纹。器盖内壁及器内底铸有相同的两行七字铭文“叔桑父乍（作）宝隮彝”。据《周礼》记载，天子在祭祀、宴飨、随葬时享用九鼎八簋，诸侯使用七鼎六簋，大夫使用五鼎四簋，依次类推，不可僭越，体现了严格的等级制度。

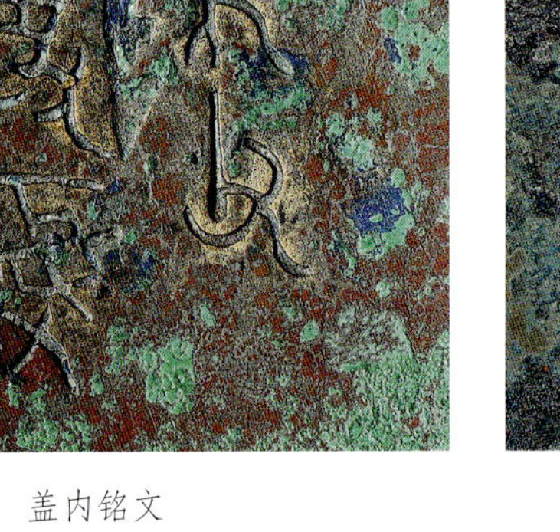

盖内铭文

内底铭文

055

蟠虺纹盒

战国

通高 14.3 厘米　口径 20.2 厘米

安徽六安白鹭洲战国墓 M585 出土

安徽省文物考古研究所藏

盖微鼓，与器身子母口相扣，盖顶分列四个兽形钮。器身直口，弧腹，圜底，圈足，外壁有一对兽面衔环。盖表面及腹外壁细线阴刻虺龙纹，地纹为平行细斜线。

第二节　觥筹交错

长江流域饮酒之风盛行，出土了大量铜酒器，可分为盛酒器和饮酒器，其中盛酒器最为突出，饮酒器则相对较少。在长江流域的地方性器物中，始终少见中原铜器中基本的觚、爵、斝饮器组合，而在中原铜器组合中不占重要地位的尊、卣、罍等器类，则广泛流行并发展成突出的地方特色。

Ritualized Wine Utensils

Drinking is popular in the Yangtze River Basin. A large number of bronze wine vessels have been unearthed. These bronze wares can be divided into wine container and drinking utensil. Among them, wine containers are the most prominent, drinking utensils are relatively rare. The combination of *Gu*, *Jue* and *Jia* as standard drinking utensils in the Central Plains is always rare among the bronzes found in the Yangtze River Basin. *Zun*,*You* and *Lei*, which do not occupy an important position in the Central Plains bronze combination, are popular in the Yangtze River Basin and developed outstanding local characteristics.

056

兽面纹尊

商代早期

通高 34.3 厘米　口径 24.7 厘米

湖北武汉盘龙城杨家湾 M11 出土

盘龙城遗址博物院藏

大敞口，束颈，折肩，弧腹下收，高圈足外撇。颈下部饰三周细凸弦纹，肩部饰简化兽面纹，腹部饰一周宽带兽面纹，圈足上有三个“十”字形镂孔。

057 天兽御尊

商代晚期

通高 37.1 厘米　口径 26.4 厘米

湖北武汉汉南纱帽山遗址出土

湖北省博物馆藏

觚形，喇叭口，长颈，微鼓腹，高圈足。三重纹饰，雷纹为地。颈部主体饰蕉叶纹，下方饰卷尾龙纹。微鼓的腹部及圈足上各有两组以突起的扉棱为兽鼻向两边展开的兽面纹。圈足内铸铭三字“天兽御”。

058 鱼伯彭尊

西周早期

通高 28.1 厘米　口径 22 厘米

圈足径 14.6 厘米

湖北随州叶家山 M27 出土

随州市博物馆藏

觚形，喇叭口，长颈，微鼓腹，高圈足。颈部饰由兽面填底的蕉叶纹，其下饰一周卷尾龙纹；腹部和圈足均饰扉棱鼻兽面纹。内铸铭文两行七字“[illegible]（鱼）白（伯）彭乍（作）宝隮彝”。

059 **兽面纹罍**

商代早期

通高 31 厘米　口径 14 厘米

湖北武汉盘龙城王家嘴遗址采集

武汉博物馆藏

小口，长束颈，折肩，鼓腹，高圈足。颈部饰三周凸弦纹，肩部有一周兽面纹带；腹部饰一周宽带兽面纹，兽面的角、鼻梁、下颚作浑圆凸起；圈足有三处“十”字形镂孔。存世青铜罍发现较少，多集中出土于长江流域高等级贵族墓葬，纹饰繁复、形态优美，是商周青铜器的精品代表。

060

兽面纹罍

商代早期

通高 27.9 厘米　口径 17.3 厘米

湖北武汉盘龙城杨家湾 M19 出土

盘龙城遗址博物院藏

小口，直颈，折肩，弧腹，圈足较矮。颈部饰三圈凸弦纹，肩部饰一周兽面纹带，上腹部饰一周宽带兽面纹，圈足上有三个镂孔。

061

兽面纹觥

西周早期

通高 13.7 厘米　口径 6.8 厘米

湖北随州叶家山 M27 出土

随州市博物馆藏

器身不规则，兽首器盖，长曲颈，深椭球腹，带牛首鋬耳，圈足。盖首立体圆雕兽头，双目圆睁，鼻头圆钝，柱形角表面刻画有凤鸟纹饰，兽颈和器身均满饰凤鸟纹和兽面纹；圈足环饰一周凤鸟纹。器盖上黏附有朱砂。此觥是目前湖北省内考古发现的唯一一件铜觥。该器纹样和同墓所出卣、尊、觚一致，其中卣和尊均有铭文“鱼伯彭作宝尊彝”，当是一套酒器组合，这种组合风格、装饰纹样与叶家山其他青铜器组合差异较大。这四件器物极有可能是媵器，是曾、鱼两国联姻的证据。M27 墓主可能是鱼国国君鱼伯彭之女。

062

鸮卣

商代

通高 23.7 厘米　口径 7.8×11.6 厘米

湖南株洲征集

湖南博物院藏

椭圆形器盖为后配，盖顶有菌形钮，盖面两侧出鸮喙，鸮眼圆睁，盖面满布云雷纹。器腹椭球体，两侧鋬耳，接绹索纹提梁，下有四中空蹄足。器腹和足以云雷纹变形组合，刻画鸮身及翅膀羽毛。

063

兽面纹提梁壶

商代早期

通高 31 厘米　口径 7.2 厘米

湖北武汉盘龙城遗址 M1 出土

湖北省博物馆藏

隆顶盖，盖中有环钮套接环链，接索状提梁，提梁与器身颈底环钮相连。细高颈，折肩，圆鼓腹，高圈足。盖面、肩部和腹部均饰以联珠纹为栏的兽面纹带；圈足有三个椭圆镂孔。铸造极其精致，是已知的我国最早用分铸法铸成的青铜礼器。

064

夔龙纹壶

西周早期

通高 52.8 厘米　口径 17 厘米　圈足径 18.7 厘米

湖北随州叶家山 M27 出土

随州市博物馆藏

器身细长，圆盖带高捉手，长束颈，长弧腹，腹中部外鼓，矮圈足外撇。盖缘和颈中各饰一周夔龙纹带，上下两端均饰一周联珠纹；圈足上有一周目云纹带。盖内和器口内壁均阴铸铭文两行七字“龚𨛭夔作父丁彝”。据《诗经·大雅·韩奕》“显父饯之，清酒百壶”，铜壶多用于盛放酒水，亦可作为水器使用。

盖内铭文

器口内壁铭文

065

窃曲纹方壶

春秋

通高 48.5 厘米　口长 15.1 厘米

口宽 11.7 厘米

湖北随州均川刘家崖出土

随州市博物馆藏

方盖附镂空捉手，长直颈，带兽耳，垂腹，高方圈足。器身饰窃曲纹，兽耳饰垂鳞纹。

066

错金云纹提梁壶

战国

通高 34 厘米

湖北随州文峰塔 M18 出土

随州市博物馆藏

覆斗形盖，盖面分置四个立鸟形钮。方唇，直颈，鼓肩，四方弧腹，方圈足较矮，肩两侧有对称环钮衔环，接虎形活扣提梁。通体饰错金勾连细云纹并镶嵌绿松石。颈内壁铸有铭文两行六字“曾侯丙之尊瓶”。

067

蟠螭纹盥缶

战国中期

通高 35 厘米　口径 22.4 厘米

腹径 41.2 厘米

湖北随州擂鼓墩 M2 出土

随州市博物馆藏

覆盘形盖，盖顶有龙衔环圆形捉手。器身直口，方唇，短直颈，广肩，鼓腹下收。肩、腹间有两个对称的兽首形环耳各套一提链，平底，矮圈足外撇。上腹饰两道凸弦纹为栏的变形蟠螭纹带，下腹饰垂叶纹，内填蟠螭纹。

068 四瓣目纹觚

商代

通高 21.7 厘米　口径 13.4 厘米

底径 7.9 厘米

安徽舒城金墩村出土

舒城县文物管理所藏

敞口，长颈，腹部鼓出，高圈足。腹部上下各饰两道弦纹，其内饰四瓣目纹，并以联珠纹为界，雷纹为地纹。觚常与爵同出，成组合使用，一般认为是饮酒器，或是祼祭时使用的礼仪器具。

069

祝父乙觚

西周早期

通高 26.8 厘米

湖北随州叶家山 M27 出土

随州市博物馆藏

敞口，细长颈，短直腹，高圈足。颈部饰兽面纹填底的蕉叶纹，其下饰筒体夔纹；腹部和圈足饰扉棱鼻兽面纹，并以两道细凸弦纹为界。圈足内壁阴铸单排三字铭文“[illegible]（祝）父乙”。

070

父辛爵

商代

通高 20.6 厘米　足高 10 厘米　流至尾长 18.1 厘米

安徽舒城金墩村出土

舒城县文物管理所藏

长流翘尾，两菌形柱立于近流根的口沿上，上端饰有涡纹。卵形腹，腹一侧设牛首鋬，圜底，下设三锥足，较斜直。腹中部饰两组兽面纹，并以雷纹为地。该爵铸有铭文两处，其一位于与鋬相对一侧的立柱外侧，有“父辛”两字，其二位于鋬内侧腹壁上，为“举”字。爵是常见的饮酒器，近年来有底部发现烟炱痕迹的爵，可能兼具温酒功能。

071 南宫爵

西周早期

通高 24 厘米　口径 8.2 厘米

流至尾长 18.5 厘米

湖北随州叶家山 M111 出土

随州市博物馆藏

昂流翘尾，两伞状柱立于侈沿近流处，上端饰有三角纹和简化夔纹。卵形腹，腹侧有一半圆形牛首鋬，圜底，三锥足外撇。腹中部饰以云雷纹为地的方格龙纹。器内底铸铭文二行五字“乍（作）南公障彝”。

072

兽面纹斝

商代

通高 24.5 厘米　口径 15 厘米

湖北武汉盘龙城杨家嘴 M9 出土

湖北省博物馆藏

敞口，口沿处立两伞状柱头，长直颈，一侧附鋬，腹微鼓，平底与锥足相通。柱头顶饰涡纹，颈部和腹部均饰一周联珠纹为界的夔纹带。

073

带鋬觚形器

商代

通高 19 厘米　口长 13 厘米

湖北武汉盘龙城杨家湾 M17 出土

盘龙城遗址博物院藏

器身造型独特，口部两端有流，似角；亚腰，扁体，似觚，一侧有鋬，下接圈足。鋬顶饰兽面纹，腰中部环饰两周联珠纹，腹底饰一周夔龙纹。圈足上有对称分布的圆形和条形镂孔。

074

铜觯（附斗）

西周早期

觯：通高 12.9 厘米　口径 8×6.5 厘米

斗：通长 23.1 厘米

湖北随州叶家山 M111 出土

随州市博物馆藏

整体近椭圆形，敞口，束颈，垂腹，圈足较高，觯身光素无纹，出土时口沿及外底黏附有席纹痕迹。器腹内置一斗，斗柄连接处饰浅浮雕兽首纹，柄尾作精细夔龙造型。觯在商代晚期和西周早期非常流行，常常与爵觚伴出。

第三单元 异彩华章

Extraordinary Splendour

涛涛江水，卓卓物华，长江流域商周时期青铜器以其独特夺目的艺术造型，与其他地区的文化面貌有着显著区别。一方面受到自然环境与文化传承的影响，另一方面则与当地的精神信仰息息相关。环境因素造成的原始自然信仰，形成了长江流域特有的审美观念，带来了有别于中原的祭祀礼仪和祭祀用器，而为祭祀、军事等大型活动制作的乐器也鸣奏出娱神娱人的华章。

The endless rush of river water breeds and carries extraordinary treasures of brilliance. During the time of Shang and Zhou Period, the bronze ware found in the Yangtze River Basin was significantly different from the bronze ware found in other regions in China with its unique and eye-catching artistic shapes, and it also showed a different cultural outlook. On the one hand, it is influenced by the natural environment and cultural heritage, and on the other hand, it is closely related to the local spiritual beliefs. The primitive natural beliefs caused by environmental factors have formed the unique aesthetic concept of the Yangtze River Basin, rituals and ritual artifacts that are different from the Central Plains have also been formed. The musical instruments made for rituals, military and other large-scale events also played the gorgeous music of entertaining the gods and people.

第一节　时祀尽敬

长江流域面积广大，环境条件优越，促成了多彩的地理风貌，养育了丰富的自然物种。在对科学认知有限的青铜时代，敬神好巫、“信巫鬼，重淫祀”成为长江流域先民深植的宇宙观念和精神信仰，体现在物质文化上，则是专门用于祭祀的器物群，和对动物形象的利用与动物能力的放大。

Sincere Prayer

The Yangtze River Basin is characterized by its large area and superior environmental conditions, which have contributed to the colorful geography and nurtured a wealth of natural species. In the Bronze Age when the knowledge of science was limited, the worship of ghost and Wu(sorcerer), "*worship the Wu and ghost, hold a unique ritualized event*" became the cosmic and spiritual beliefs deeply planted by the ancestors in the Yangtze River Basin, which were materially embodied in artifacts dedicated to sacrifices, the use of animal images and the enlargement of animal abilities.

（一）古蜀文化祭祀器物群

Ritual Bronze of Ancient Shu Civilization

“国之大事，在祀与戎”，祭祀是商周时期举国最为重要的活动之一，中原地区极其注重祭祀礼制，反映在铜器造型上，表现为以宴饮礼器为中心的青铜器组合。在长江流域，尤其是以三星堆遗址和金沙遗址为代表的古蜀地区，区别于中原青铜文化，诞生了神秘诡谲、造型奇特的青铜雕像群，尤以铜树、铜人头像、铜人面具、铜兽面等为代表，它们被赋予了沟通神灵的祭祀功能。

075 铜人面具

商代

高 26 厘米　长 40.8 厘米　宽 27 厘米

四川广汉三星堆遗址二号祭祀坑出土

三星堆博物馆藏

面方形，宽颐，广额，长眉，直鼻，鼻翼不丰。长耳，耳廓较宽，耳垂有一圆孔。耳前面颊的上、下及额正中各有一方孔。眉部及眼眶用黑彩描绘。形体厚重。左耳侧被砸向内折卷，左额有两处砸击痕迹。面具整体一次铸造而成，耳中空，内存范土。以铜人面具为代表的三星堆青铜雕像群当是一批受人顶礼膜拜的偶像，既象征天神、地祇、祖先神等，也代表国王、巫师一类的世俗或精神领袖，表现出古蜀人神合一、政教合一的社会形态。

076

铜兽面

商代

高 19.1 厘米　宽 29.6 厘米

厚 0.5 厘米

四川广汉三星堆遗址二号祭祀坑出土

三星堆博物馆藏

器形薄片状。兽面上部呈一对夔龙向两面展开状，卷角，龙尾上卷。方颐，长眉直达龙尾端，大眼，直鼻，鼻翼呈旋涡状，阔口露齿，夔龙形双耳。头顶卷角下及下颌两侧的嘴角齿上各有一小圆孔。兽面的造型是对自然界中兽类的夸张变形，将凶猛威严的神兽作为辟邪除患的神物崇拜，以祈福禳灾。

077

铜眼形器

商代

长 55.5 厘米　宽 23.7 厘米

高 6.1 厘米　厚 0.25 厘米

四川广汉三星堆遗址二号祭祀坑出土

三星堆博物馆藏

菱形，直边，作斜坡形。中部眼球圆凸，周围下凹，两侧各起棱脊。四角各有一圆孔。古蜀文化中，青铜人像、面具以及祭祀用品、生活用器和装饰品中都有着对眼睛的着力表现，这种眼睛崇拜可能与蜀人祖先蚕丛氏有关，“眼睛”也是知天地、通鬼神的巫觋超凡能力的外化表现，是通神的媒介。

078 铜眼形器

商代晚期至西周

长 16.9 厘米　宽 8.6 厘米

厚 0.12 厘米

四川成都金沙遗址“梅苑”地点出土

成都金沙遗址博物馆藏

器身轮廓呈菱形，中部略外弧，以墨绘表现圆形眼珠、三角眼眶。金沙遗址出土的铜眼形器与三星堆遗址的相比无边缘穿孔，可能是镶嵌或粘贴在其他器物之上。

079

铜羽翅饰件

商代

长 20.3 厘米　宽 5.48 厘米

厚 0.4 厘米

四川广汉三星堆遗址二号祭祀坑出土

三星堆博物馆藏

青铜蛇身上的羽翅。形体扁平，呈刀形，镂空，头内勾，尾端尖，微上翘。

080 **铜鸟**

商代晚期至西周

长 6.1 厘米　宽 6 厘米　厚 1.5 厘米

四川成都金沙遗址“梅苑”地点出土

成都金沙遗址博物馆藏

鸟首略上昂，圆眼突出，双翅收束上翘，尾羽折而下垂。鸟眼部和颈部均饰圆点纹，尾羽为变形的卷云纹，阴线刻画，以墨填充。鸟腹下有残断的柱形，可能连接其他器物。铜鸟应是大型铜器的附件。古蜀文化对鸟的崇拜，其实质是太阳崇拜：古人认为，太阳的运动靠飞翔的鸟来完成，“日鸟同构”是中国古代太阳神话的主题。传说古蜀人祖先柏灌、鱼凫都以鸟命名，杜宇王死后化为杜鹃鸟，鸟崇拜在古蜀人的信仰中占有十分重要的地位。

081

有领铜璧

商代晚期至西周

直径 10.1 厘米　孔径 5.1 厘米

高 1.4 厘米　领厚 0.5 厘米

壁厚 0.2 厘米

四川成都金沙遗址“梅苑”地点出土

成都金沙遗址博物馆藏

圆环形，中有一圆孔，孔径较大，在圆孔两面凸起形成高领。金沙遗址和三星堆祭祀坑中均出土数量较多的有领璧形器，分铜质和玉质两类。有领铜璧可能与有领玉璧一样用于祭祀。这类器物较少见于国内其他地区，是古蜀文化中具有时代性和地方性的一类器物。

082

有领铜璧

商代晚期至西周

直径 11 厘米　孔径 6.5 厘米

高 1.8 厘米

四川成都金沙遗址“梅苑”地点出土

成都金沙遗址博物馆藏

与 081 形制基本一样，兹不赘述。

083 铜方孔形器

商代晚期至西周

长 8.4 厘米　宽 6.8 厘米

孔深 0.7 厘米　孔长 2.07 厘米

孔宽 2.1 厘米　壁厚 0.19 厘米

四川成都金沙遗址“梅苑”地点出土

成都金沙遗址博物馆藏

平面略呈上小下大的圆角梯形，器中部有一方形穿孔，孔周廓凸起，孔壁四周向内倾斜，四边不规整。方孔凸起面制作较规整，背面则十分粗糙。边缘未开刃，可能是古蜀文化中极具特色的礼仪用器。

084

铜方孔形器

商代晚期至西周

长 6.75 厘米　宽 5.12 厘米

孔深 1.18 厘米　孔长 2.1 厘米

孔宽 1.83 厘米　壁厚 0.14 厘米

四川成都金沙遗址“梅苑”地点出土

成都金沙遗址博物馆藏

与 083 形制基本一样，兹不赘述。

（二）长江流域的动物崇拜

Animal Worship in the Yangtze River Basin

与中原地区庄严浑厚的风格不同，长江流域的许多青铜器在造型和装饰上常融入自然元素，并多以动物作为母题，体现了长江流域的动物崇拜现象。从长江上游到下游，贯穿商周，动物装饰都十分突出。

085

蚕桑纹尊

春秋

高 21 厘米　口径 15.5 厘米　底径 13.9 厘米

湖南衡山县霞流出土

湖南博物院藏

敞口，束颈，垂腹，圈足。口沿饰一周昂首而身尾卧伏的蛇纹，多作两首相对，其中一处三首相对，是目前仅见的一件口沿处如此装饰的尊；颈部由锯齿形条带分割成紧凑的三角形纹饰块，内饰几何纹；颈腹连接处间以一周云纹；器腹满布蛇纹；圈足饰一圈云雷纹。湘江流域出土的同时期铜器上多饰蛇纹，古越人又崇拜蛇，称之为蛇纹与区域文化特征相一致。而另有观点认为所谓“蛇纹”身、尾变化不大，当为蚕纹，并有桑叶纹间隔，在此采用后一种观点命名，故名之为桑蚕纹铜尊。

086

凤鸟纹罍

战国

通高 25.3 厘米　口径 13.7 厘米

底径 13 厘米

安徽六安白鹭洲战国墓 M585 出土

安徽省文物考古研究所藏

弧顶盖，列三个兽形钮。器身卷沿，方唇，束颈，鼓肩，肩部对列二兽面环形钮，钮内穿圆环，弧腹，平底，底部有三个小足。盖顶饰成组的“8”字形纹，其间装饰羽状纹、云雷纹。肩部、腹部饰对称的鸟纹，地纹为云雷纹，上下以卷草纹带分隔。鸟纹饰带下方对应装饰草叶形纹，内饰对称的鸟纹。

087 **曲柄盉**

春秋

通高 22 厘米　口径 14.4 厘米

最大腹径 14.9 厘米　裆高 5.6 厘米

安徽舒城县春秋塘出土

舒城县文物管理所藏

器上部作敞口折弧腹盆形，束腰，鼓腹，下部作空足分裆鬲，正面有一短流，侧置一圆形长柄，上曲高于盘口，顶端作龙首状，吻部突出，探视鋬中，鋬中空，与器分铸。器身无纹饰。

088 铜鸟形杖首

西汉

高 6.8 厘米　长 12.8 厘米

公安移交

随州市博物馆藏

杖首作鸠鸟状，长喙、长尾，鸟身、翅膀和鸟尾阴刻出羽毛纹样。腹下为圆形空銎，用于安装在杖柄之上。整体造型优美、栩栩如生。

089

牛首形甲胄饰

西周早期

高 21.7 厘米　面宽 21.4 厘米

湖北随州叶家山 M111 出土

随州市博物馆藏

正面微隆，双角上翘呈“U”形；额鼻两侧倾斜，中部起脊棱，额中部凸起一菱形纹；尖刀形弯勾眉，长椭圆形眼眶，椭圆形眼睛暴突，中间长条形穿孔为瞳孔；眉侧有叶形大耳，耳尖上翘；鼓腮，宽鼻上卷成鼻孔；大咧嘴，唇角上翘。背面两眉外侧上部及鼻部各有一半环形竖钮。

090

牛首形兽面饰

西周早期

高 15.5 厘米　面宽 9.1 厘米

湖北随州安居羊子山墓地出土

随州市博物馆藏

正面隆起，双角上翘呈"U"形，双耳紧贴双角。梭形眼眶、圆形瞳孔，鼻孔透穿。背面两角及嘴上部各有一横梁可以穿系。

091 **铜虎形饰**

西周早期

朝向右侧虎：通高 51.2 厘米　中宽 18.3 厘米　壁厚 0.3 厘米

朝向左侧虎：通高 55.7 厘米　中宽 17.2 厘米　壁厚 0.3 厘米

湖北随州叶家山 M111 出土

随州市博物馆藏

蹲立虎形，正面微隆，周沿外折，背面弧凹。昂首张嘴，獠牙出露，曲膝作蹲立状，一臂弯折向上三爪托住下颌，另一臂下垂向后伸张开四爪，足部前爪弯曲分叉，后爪弯曲向下，卷尾。两件形制相同，左右对称，为墓葬中的丧葬用器。

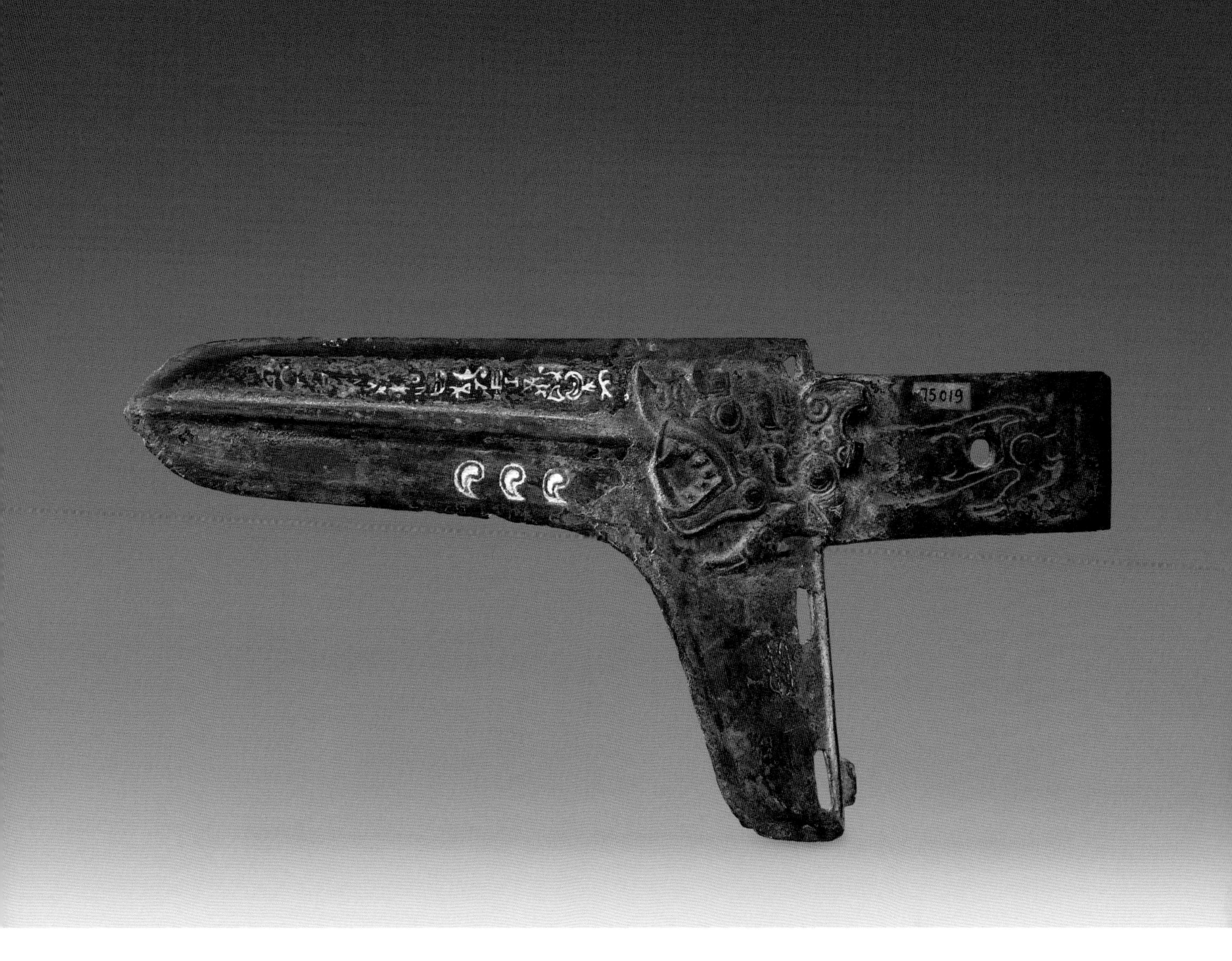

092

浮雕虎纹戈

战国

援长 17.5 厘米　内长 8 厘米　阑长 13 厘米

重庆万州新田公社出土

重庆中国三峡博物馆藏

圆尖锋，援中脊隆起，长胡三穿，内一穿。援本部两面均饰浮雕虎纹，虎身续刻于内上。其一面援下部有三水滴纹，援上部有一行巴蜀符号。虎强大的捕猎能力被赋予了神性，可沟通天地神人，具有却敌、逐怪、食鬼、辟邪的功能。在兵器上铸造虎的形象，意在战斗中获得虎的力量和庇护，强大自身，威慑敌人。随葬虎纹兵器，也具有趋避鬼魅的作用。

093

虎纹柳叶形剑

战国

通长 47.3 厘米

重庆巴县冬笋坝 M50 出土

重庆中国三峡博物馆藏

呈柳叶形，扁茎无格，无首，靠近剑身一侧有一穿，剑身铸有虎斑纹。剑身近柄处饰有阴刻的虎纹图案。

094

持柄钺形饰

西周早期

单件通长 38.9 厘米　柄宽 3.1 厘米

厚 0.25 厘米

湖北随州叶家山 M111 出土

随州市博物馆藏

正面隆起，背面弧凹，窄沿外折。半圆形竹节状直柄，上端连铸一兽首形钺，中部有一只手紧握柄部，末端折转，方向与钺的朝向相反。两件形制相同，方向相对，为墓葬中的丧葬用器。

第二节　鼓震钟鸣

青铜时代的乐器是礼乐制度的重要载体，在宗教祭祀、军队作战、聚会宴飨等仪式活动中使用。长江流域出土不少商周青铜乐器，常见铜铙、铜镈、甬钟、铜铃、鼓等器类，在仪式中共同鸣奏出动人的乐章。其中铜铙、甬钟和铜镈可能是起源于长江流域的乐器。

Solemn Symphony

The musical instruments of the Bronze Age were an important carrier of the ceremony system, and were used in ritual activities such as religious ritualized event, military operations, gatherings and banquets. Many bronze musical instruments of the Shang and Zhou Period were unearthed in the Yangtze River Basin. Commonly seen as Nao, Bo-bell, Yong-bell, Ling-bell, drum, etc. They played together in the ceremony to presents a solemn symphony. Among them, the use of Nao, Yong-bell and Bo-bell may have originated from the Yangtze River Basin.

095 兽面纹合瓦形腔铙

商代

通高 43.5 厘米　铣间宽 30.7 厘米　重 19.4 千克

江西新干大洋洲商墓出土

江西省博物馆藏

圆柱形长甬，无旋，素面无纹，中空与腹腔通。腔体呈合瓦形，平舞，阔腔，尖铣。于口部呈内凹弧形，正鼓部加厚凸起，口沿内侧有两道凸棱式弦纹。器表满布纹样，技法以阴线为主。两面均以钲部为中轴分为两区，各以联珠纹作框，中饰五排卷云纹，并以等距分布六颗螺旋式枚，正中是突起的螺旋式椭圆形巨目，连同饰以卷云纹的钲部，组成一象征性的兽面纹，正鼓部和舞部也饰对称的卷云纹。

096 **兽面纹铙**

商代

通高 43 厘米　舞部 17.8×25.2 厘米

于部 23.7×33.5 厘米

正鼓厚 1.5 厘米　重 22.8 千克

湖南博物院藏

圆管状甬，中部有旋，与腹腔相通，饰云纹。腔体合瓦形，满布云纹为地，主纹为弧形粗线组成的兽面纹。

097

双翼弧口铃

商代

高 8.8 厘米　宽 6.8 厘米

厚 3.65 厘米

四川广汉三星堆遗址二号祭祀坑出土

三星堆博物馆藏

正面略呈梯形，横断面呈椭圆形，弧口有缺损，两侧有长而薄的翼。顶上有钮，铃舌脱落。铜铃具有良好的音乐性能，其大小、宽窄、厚薄与音高相关。

098

双翼平口铃

商代

高 9.4 厘米　宽 6.9 厘米

厚 3 厘米

四川广汉三星堆遗址二号祭祀坑出土

三星堆博物馆藏

正面略呈梯形，横断面呈椭圆形，口平，两侧有翼。顶上钮略呈方形，铃舌脱落。

099 双翼平口铃

商代

高 9.1 厘米　底长 6.2 厘米

宽 2.8 厘米　厚 0.3 厘米

四川广汉三星堆遗址二号祭祀坑出土

三星堆博物馆藏

与 098 形制基本一样，兹不赘述。

100 **双翼平口铃**

商代晚期至西周

高 4.8 厘米　底长 3.6 厘米

宽 1.7 厘米

四川成都金沙遗址出土

成都金沙遗址博物馆藏

造型呈合瓦形，两侧有翼，平口，顶有一钮，素面无纹。

101 **合瓦形铃**

商代晚期至西周

高 5.5 厘米　底长 3.2 厘米

宽 1.96 厘米

四川成都金沙遗址出土

成都金沙遗址博物馆藏

造型呈合瓦形，两侧无翼，腔内无铃舌，弧口，顶有一钮。器身两侧可见铸造的披缝，应由两块范浑铸。无舌铃的发音方式与编钟相似，为体外撞击发音，可碰撞，也可敲击，可能是铜铃向编钟演变过程中的环节。

102 | **龟背式挂饰**

商代

高 11 厘米　宽 8.4 厘米

厚 1 厘米

四川广汉三星堆遗址二号祭祀坑出土

三星堆博物馆藏

体较薄，四角圆，一面隆起似龟背。上端有钮，钮略呈方形。

103 圆形挂饰

商代

高 10.5 厘米　直径 9.1 厘米

厚 0.15 厘米

四川广汉三星堆遗址二号祭祀坑出土

三星堆博物馆藏

圆形，周缘平，中间隆起较低，素面。上端有钮。

104 **扇贝形挂饰**

商代

高 11 厘米　宽 8.8 厘米

厚 1.1 厘米

四川广汉三星堆遗址二号祭祀坑出土

三星堆博物馆藏

整体呈圆角梯形，正面隆起，有放射状脊棱，顶端置一圆环钮，钮两侧有新月形凸起，器身两侧有长而薄的翼。

105

铜镈钟

西周

通高 29.1 厘米　铣间宽 17 厘米

鼓间宽 13.6 厘米　重 3.4 千克

湖北随州三里岗毛家冲出土

随州市博物馆藏

长环钮，中有小孔与腔相通，腔体呈合瓦形，舞平、于平，铣棱斜直。腔两面纹饰相同，整体为一兽面纹，鼻部突出为扉棱，兽面周缘填以云雷纹，上、下饰以目纹带。钮及舞部素面无纹。镈体两侧铣棱上饰有对称勾形扉棱，棱上端各有一高冠卧式凤鸟，鸟体饰羽纹。

106 铜编钟（一套五件）

西周早期

湖北随州叶家山 M111 出土

随州市博物馆藏

含 1 件镈钟和 4 件甬钟，是迄今为止数量最多的西周早期编钟，其中的甬钟原应为两套钟拼合。音高稳定、音色醇美，镈钟与甬钟音列连续，可以构成 E 宫徵调式四声音阶，使音域达一个八度又一个纯四度。以下对五件器物分别介绍（106-1、106-2、106-3、106-4、106-5）。

106-1 **铜镈钟**

通高 44.5 厘米　铣间宽 27.6 厘米

重 16.45 千克

钟体截面呈椭圆形，舞顶有一扁平梯形钮，钮间设一横梗。钟体两侧铣上各有两条相同的透雕虎纹，前后钲间正中各有一条钩云状扉棱，扉棱顶部饰一圆雕小鸟。钟面主体纹饰为兽面纹，其上下各环绕一周窄涡纹。

106-2 **截锥状枚甬钟**

通高 42.6 厘米　铣间宽 25.1 厘米

重 13.325 千克

管状甬，中部有旋和干，旋一圈饰乳钉与细阳线组成的目云纹。舞部素面。钲部和篆带均以凸起的小乳钉为界栏，之外有细阳线方框。篆间填枚，呈截锥状。右侧鼓部有一细阳线纹构成的阳鸟形侧鼓音标记（第二基频标识）。

106-3 截锥状枚甬钟

通高 39.8 厘米　铣间宽 23.45 厘米

重 12.55 千克

与 106-2 甬钟形制和纹饰完全相同，大小有异，兹不赘述。

106-4 乳钉状枚甬钟

通高 46.7 厘米　铣间宽 20.6 厘米

重 14.315 千克

与前述截锥状枚甬钟形制基本一致，但钲部、篆带无小乳钉界栏，枚呈乳钉状。

106-5 乳钉状枚甬钟

通高 43.9 厘米　铣间宽 25.3 厘米

重 11.78 千克

与 106-4 甬钟形制和纹饰完全相同，大小有异，兹不赘述。

107 **铜建鼓座**

战国中期

通高 17.2 厘米　腹径 38.6 厘米

湖北随州擂鼓墩 M2 出土

随州市博物馆藏

鼓座呈半球体，座顶中央伸出圆直孔以承插鼓楹，座底沿较直。座上下部各饰一周凹弦纹带，以弦纹为界，座身满饰三周细密蟠螭纹，螭体缠绕，繁复精美。建鼓由鼓座、楹杆和体形硕大的鼓体三部分组成，上部有机质部分腐朽，考古发掘大多仅出土鼓座。“闻鼓声而进，闻金声而退”，鼓声是进击的号令，钲声则是止战的信号。

108

虎纹铎

战国

通高 31 厘米　口径 11—12.7 厘米

湖南平江瓮江茶厂出土

湖南博物院藏

器身整体较瘦长。甬顶设环钮，铣口呈弧形，器内有四棱。鼓部素面，舞部下方饰“S”形阳纹，中部饰相对的两虎，其下饰两行锯齿纹。甬上饰有两条浅浮雕的蟠龙，蟠龙两首一身，环钮饰曲线纹。战争中指挥军队时，常配合使用鼓、铎、钲、錞于等乐器。

第四单元

物华天宝

The Spectacular Eight

青铜器作为中国古代灿烂文明的物质载体之一，以其独特的器形、精美的纹饰、典雅的铭文，被称为“活史书”。与其他地区青铜器相比，长江流域的形态更加多样，有的带有动物、人物纹饰和造型，形象夸张、内涵丰富，具有鲜明的地域特色；有的造型精美、工艺繁复、体量巨大，是难得一见的孤品。这些青铜器彰显了我国古代先民高超的制造技术和丰富的内心世界。

As one of the material carriers of the splendid ancient Chinese civilization, bronze ware is called "living history book" with its unique shape, exquisite decorations, and elegant inscriptions. Compared with bronzes from other countries and regions, the shape of bronzes in the Yangtze River Basin is more diverse, some ornaments on the body or overall styles are of animal or character elements with exaggerated images, rich connotations, and distinctive regional characteristics; some are exquisite in shape, complicated in craftsmanship and huge in size. They are all rare and unique. These bronze wares demonstrate superb manufacturing technology and rich inner world of our ancient ancestors.

109 兽面纹虎耳方鼎

商代

通高 39.8 厘米　口纵 24.2 厘米　口横 28.7 厘米

腹深 17.8 厘米　重 11.5 千克

江西新干大洋洲商墓出土

江西省博物馆藏

斜折沿，方唇，唇面饰一周燕尾纹；双环状立耳，外侧有凹槽，槽上下均环饰燕尾纹，耳背饰单线夔纹和云纹，耳上有静卧状伏虎，虎头硕大，双耳耸出，双目浮凸，螺旋纹为须，虎嘴下张，出露三角形尖齿；虎身饰云雷纹，虎尾长卷。长方形鼎腹，直壁下收，平底，四面满布纹样：每面四周均以联珠纹为框，框内一周卷龙纹，上下各四，左右各一，上下两对居中的分别组成兽面，上以高扉棱为鼻，下以细线条为鼻；腹壁中央兽面纹以联珠纹与四周卷龙相界。每组兽面纹皆“臣”字目，圆眼作乳钉状突出。柱足中空，与腹部相通，上粗下细，上部饰高扉棱鼻兽面，下部外侧有三道宽凹弦纹。

110

徲监簋

西周早期

通高 23 厘米　口径 19.4 厘米

圈足径 13.6 厘米　方座高 8.6 厘米

湖北随州叶家山 M107 出土

随州市博物馆藏

方唇，束颈，垂腹，腹面等距分置四个兽形鋬耳，耳下有小珥，圈足底与方座面相接，座内有悬铃。颈部饰曲折龙纹和涡纹相间的纹饰带；腹部和方座均饰以云雷纹为地的浮雕兽面纹；圈足饰一周卷角爬行龙纹。四耳均作圆雕兽头形，耳及垂珥两侧饰浮雕简化龙纹。器内底正中铸铭文一排五字，自上而下读作：“徲监乍（作）障（尊）簋。”

111

兽面纹尊

商代晚期

通高 41.6 厘米　肩径 28.8 厘米

四川广汉三星堆遗址二号祭祀坑出土

三星堆博物馆藏

喇叭口，束颈，折肩，深腹，平底，高圈足。颈部有三周凸弦纹，肩部有三立鸟，与腹部和圈足上的扉棱成一线，将肩部、腹部及圈足上的纹饰分割成三组。肩外缘有三个铸接的卷角羊头，肩部饰双勾云雷纹组成的兽面纹。腹部主纹为双夔龙组成的兽面纹，两侧有以扉棱为中轴的倒置兽面纹，地纹为双勾云雷纹。圈足上部有两周凸弦纹，其下纹饰与腹部相同，圈足上部有三处镂空。

112

蟠龙兽首罍

西周早期

通高 46.6 厘米　口径 17.6 厘米

湖北随州叶家山 M111 出土

随州市博物馆藏

圆盖隆起，盖顶有一圆雕蟠龙，龙尾沿盖缘盘旋而上，龙首居中微仰，盖沿内折成子口。器身方唇，束颈，鼓肩，肩两侧各有一兽首形半环耳，耳衔圆环，前后肩部正中均有一圆雕牛首。深鼓腹下收，平底内凹，背面下腹有一竖置兽首鋬，高圈足外侈下折成阶状。盖顶盘龙体饰鳞纹，龙足盘踞的盖面饰云雷纹；器颈部饰二周凸弦纹；肩部两侧圆雕兽首半环耳造型独特，双角相连呈花冠状弯曲下垂；肩面前后各饰一组相对的蜗身龙纹，以云雷纹为地；腹部饰四组大兽面纹，与肩面的蜗身龙纹上下相对。圈足前后各饰一组相对的夔龙。

113 曾侯丙方缶

战国中期

通高 47.5 厘米　口长 22.8 厘米

湖北随州文峰塔 M18 出土

随州市博物馆藏

器型整体方鼓。方盖，平顶，盖面上有四个对称的环钮；器身直口，鼓肩，肩部有对称的兽首衔环，弧腹，方圈足。盖、身纹饰相同，通体饰银线菱形勾连纹，内嵌绿松石。器盖内壁铸铭文两行十一字“曾侯丙之赴（沐）缶硖以为长事”，双耳铸铭文“曾侯赴缶硖以为”。

114　菱格纹剑

战国

通长 55.5 厘米　身宽 4.8 厘米

湖北江陵砖瓦厂 M310 出土

荆州博物馆藏

圆首，首内铸有七道同心圆，圆茎实心，双箍，广格，格作倒凹字形，上嵌绿松石已脱落，剑身呈金黄色，中脊起棱，两面满饰黑色双线菱格纹。吴越地区喜将暗纹刻于兵器上，这种装饰方式最早见于西周，剑的圆茎也具备强烈的吴越文化因素，春秋晚期已盛行于吴越地区。在楚地发现吴越式兵器，除了战争还有政治联姻、使者交流和工匠流动等原因。

115

铜人头像

商代晚期

高 41.5 厘米　横径 20 厘米

纵径 17.3 厘米

四川广汉三星堆遗址二号祭祀坑出土

三星堆博物馆藏

方颐，粗眉，立眼，蒜头鼻，阔口，大耳，耳垂穿孔；颈较粗，前后呈倒尖角形；平顶编发，头发向后披，发辫垂于脑后，上端扎束，发辫涂有朱砂。三星堆遗址出土大量造型各异的青铜人像，它们代表了祭祀活动中不同的角色。

116

蛙纹铙

商代

通高 44 厘米　铣间宽 26 厘米

鼓间 17.5 厘米

湖南浏阳柏加镇出土

长沙市博物馆藏

甬呈圆管状，与钲腔相通，中部起旋。器身主纹为弧形凸起的粗线条组成的兽面纹，兽面两眼为浮雕的青蛙，鼓、钲边缘及甬部填饰云纹。湖南地区出土铜铙数量众多，富有地方特色，或具有礼器的礼仪性功能。

后 记

长江是我国第一大河流，在中华文明的起源发展中发挥了极为重要的作用，是中华文明多元一体格局的标志性象征。武汉是一颗点缀在长江与汉水交汇点上的明珠，依水而生，因水长兴，悠悠江水滋养了武汉绵延而厚重的历史文脉，作为“武汉城市之根”的盘龙城遗址引领了长江流域青铜文明的发展。为更好弘扬和传承长江文明，盘龙城遗址博物院策划了“长江万里青——长江流域青铜器精品展”。

本次展览从三星堆博物馆、成都金沙遗址博物馆、重庆中国三峡博物馆、湖北省博物馆、随州市博物馆、荆州博物馆、湖南博物院、湖南省文物考古研究所、长沙市博物馆、江西省博物馆、安徽省文物考古研究所共 11 家文博单位借展了大批精品文物，展览的圆满举办和本图录的顺利编撰与出版，均离不开这 11 家参展单位的鼎力支持和倾情帮助，在此我们表示由衷的感谢。特别感谢武汉大学历史学院张昌平教授为本图录作序，极大提升了图录的学术水平。我们还要感谢为本图录提供文物高清图片和器物文字说明的各参展单位的同仁们。感谢上海古籍出版社编辑张亚莉及其他相关工作人员，他们的辛勤工作使得图录顺利问世。最后还要感谢在本次展览和图录出版过程中付出辛苦劳动的全体同事。

受编者水平的限制，本图录难免存在错漏和不足，敬请专家和读者指正。

编者